AMAZING !

Récit d’une aventure extraordinaire

Édition : Alexandrine Améziane
Mise en pages et fabrication : Jérémy Vinerbi

Crédits photographiques :
Couverture : © Robert Stowell.
Hors-texte :
Pages 1, 12, 15 : collection personnelle de l'auteur, © D.R.
Pages 2-3, 6-11 : © Robert Stowell.
Pages 4-5 : © Bob Child/AP/Shutterstock.
Pages 13 : © Holly Upton.
Page 14 : © Inside Connecticut Sports.
Page 16 : flyer Barres de Rires, photographie © Wahib Chehata.

Dépôt légal : octobre 2019.

ISBN 978-2-9569897-0-7

Sami Améziane
alias Le Comte de Bouderbala

AMAZING !

Récit d'une aventure extraordinaire

AS
PROD
ÉDITIONS

Je tiens à dédier ce livre à ma famille, à mes parents,
Ghénima et Abdenour Améziane, partis d'Algérie, de leurs villages
de Kabylie, dans des conditions particulièrement difficiles pendant la guerre,
pour nous offrir une vie meilleure, à mes sœurs Dali, Nadia,
mon frère Mohand, pour l'éducation qu'ils m'ont donnée.
C'est en partie grâce à eux que je suis l'homme que je suis.
Chacun à sa manière a apporté une pierre à l'édifice et à l'édification
de ma colonne vertébrale morale, mentale
et même physique pour toutes ces claques dans la tête bien méritées…

Je dédie évidemment ce livre à Jeyana, Enzy et ma femme Anissa,
rencontrée à l'âge de quinze ans, le jour de la rentrée en seconde,
dans le bus 354 menant au Lycée Paul-Eluard de Saint-Denis.
Cette femme d'exception m'a « sauvé la vie »
quand j'étais au plus mal et m'a offert deux exceptionnels bijoux,
nos enfants Sayl et Sylia, que j'aime plus que tout au monde…
J'ai écrit ce livre aussi et surtout pour eux, pour leur laisser une trace,
pour qu'ils croient en leurs rêves, tentent le coup de la curiosité,
de la prise de risque et chérissent le travail,
la liberté et l'indépendance d'esprit avant tout.

Je dédie ce livre à mon ami d'enfance William Manga Ekambi,
qui me manque énormément... Sans lui, l'aventure sportive et américaine
n'aurait jamais eu lieu. Il a toujours été là pour moi
dès l'âge de douze ans, à m'entraîner au basket sans relâche,
à me pousser pour travailler dur et progresser.
C'est William qui m'a incité à tenter ma chance aux États-Unis,
je lui dois beaucoup.

Je dédie ce livre à Holly Upton, la meilleure coiffeuse du monde,
et à Coach Calhoun, le meilleur coach que j'ai eu la chance d'avoir.
Deux sacrés personnages qui ont été des déclics dans mon aventure américaine !

– Coach, laissez-moi jouer ! Vous avez fait jouer Ryan alors qu'il est ailier. Je suis meneur, c'est mon poste ! Je peux jouer, Coach, je sais que j'en suis capable ! S'il vous plaît !

DCU Center, Massachussets, Worcester, 2e tour du tournoi NCAA, les gradins étaient pleins à craquer d'une foule survoltée. Quarante mille spectateurs. Les supporters des Huskies de UConn d'un côté, tout en bleu et blanc, les supporters de North Carolina State de l'autre, un tsunami de rouge, un mix bleu-blanc-rouge, comme un symbole aux couleurs de la France et des USA. Un lieu complètement dément, une ambiance électrique, un suspense exaltant.

À deux minutes de la fin, Coach Calhoun, l'entraîneur de UConn, demanda un changement, me fixa du regard pendant deux brèves secondes, et m'adressa un signe de la tête. Je me levai d'un bond, prêt à accomplir un exploit. Mon cœur battait à tout rompre, je me sentais fort, prêt à marquer l'Histoire, la mienne…

Il restait à peine deux minutes de jeu, le score était serré. L'équipe de NC State avait la possession de balle à égalité 62 à 62. J'attrapai la balle, ligne de fond, démarqué, et pris le tir à 3 points pour nous donner un avantage salvateur. La balle approcha du panier, tournoya autour de l'arceau… lentement. Pendant une demi-seconde qui parut durer une éternité, tout le monde retint son souffle…

Six mois plus tôt…

Il était une heure du matin lorsque l'avion atterrit à JFK avec deux heures de retard, ne me laissant d'autre choix que de prendre un taxi pour aller jusqu'à New Heaven.

– Ça fera trois cents dollars, avait annoncé le chauffeur, derrière la vitre blindée qui nous séparait.

J'avais passé tout le trajet à fixer le compteur dont les chiffres s'affolaient et j'avais tenté de me rassurer en me disant qu'il s'agissait peut-être du temps de trajet ou de miles, ou d'une toute autre unité de mesure américaine que je ne connaissais pas.

– Trois cents dollars, vous êtes sûr ?

Le type s'était contenté de répéter le montant. Je devais payer, un point c'est tout.

Jusqu'au dernier moment, j'avais douté de pouvoir partir aux États-Unis pour cette année d'échange universitaire. L'argent avait été une question cruciale. Je n'en avais pas. Il me fallait réunir de quoi payer mon billet d'avion, mes frais de séjour pendant dix mois, et justifier de dix mille dollars sur mon compte bancaire.

Une fortune… mais le prix d'une aventure extraordinaire.

À la douane, l'agent avait été très suspicieux et m'avait retenu longtemps.

– Vous venez passer une année aux États-Unis et vous n'avez qu'un seul bagage ?

Il avait fixé mon sac de sport d'un air méfiant.

– Oui, je voyage léger, je n'ai pas besoin de grand-chose, vous savez… Je fais partie des gens du voyage, hahaha !

La blague ne l'avait pas du tout amusé :

– Vous pouvez l'ouvrir ? On va regarder…

J'avais obtempéré. L'agent avait déballé mes chaussures de sport, mes pulls, mes caleçons, mes tee-shirts, quelques photos de mes proches, et un petit sac en plastique.

– Qu'est-ce que c'est ?

Aïe, j'avais oublié ce truc… Le matin même, ma mère, très affectée par mon départ, avait insisté pour que j'emporte avec moi une gamelle de *felfel* * et deux parts de galette algérienne.

– C'est du *felfel*, un plat traditionnel que ma mère m'a fait pour le manger dans l'avion.

– Fel… what ? Il est strictement interdit d'importer des denrées alimentaires non déclarées sur le sol américain ! Vous ne le saviez pas ?

– Euh… non.

– Et bien sûr vous avez coché que vous n'aviez rien à déclarer ? Vous êtes passible d'une amende pour avoir transgressé cette règle…

---

* Plat traditionnel kabyle cher à mon cœur, purée de poivron-tomate-piment arrosée d'huile d'olive.

Le type n'avait pas l'air de plaisanter. Les ennuis commençaient. J'allais finir au gnouf pour une ration de *felfel.*

– Didn't know, Sir, I'm sorry… fis-je penaud.

– Bon, ça ira pour cette fois, on vous le confisque mais à l'avenir sachez que vous ne pouvez pas faire entrer de la nourriture sur le territoire américain sans l'avoir déclarée au préalable !

J'acquiesçai. Aucun doute que j'y penserais à l'avenir. No *felfel* in America.

Ils avaient l'air bien sérieux, dans ce pays. Déjà au comptoir d'enregistrement de United Airlines, l'hôtesse m'avait presque fait subir un interrogatoire de police.

– Vous avez combien de bagages ?

– Un.

– Faites voir !

Je montai mon sac au niveau du comptoir afin qu'elle puisse le voir.

– C'est vous qui avez fait cette valise ?

– Euh… oui.

Elle s'imaginait peut-être que j'avais des domestiques pour me faire ma valise…

– Est-ce que votre bagage est resté avec vous tout le temps ?

Je n'aimais pas spécialement ma valise au point de rester H24 avec, mais là je commençais à douter sérieusement de mes amis. J'espérais qu'ils ne m'avaient pas fait une mauvaise blague… un sac de farine… un pistolet en plastique… une grenade en jouet ? Ils en étaient bien capables, ces fous-là.

– Est-ce que vous avez laissé cette valise sans surveillance ? Vous avez laissé quelqu'un approcher cette valise ? Quelqu'un que vous ne connaissez pas vous a-t-il confié quelque chose à porter?

Je hochai la tête à toutes ses questions.

– Bon voyage, Monsieur! lâcha-t-elle tandis que j'avoisinais les dix-sept de tension.

Dans l'avion, le formulaire qu'on nous avait donné à remplir avant le passage aux douanes m'avait quelque peu déconcerté aussi.

« Souffrez-vous d'une maladie contagieuse ou êtes-vous toxicomane ? »

Il fallait cocher OUI ou NON.

Qui aurait l'idée de cocher oui s'il était accro à l'héroïne?

On nous demandait ensuite si on venait avec l'intention de commettre des activités illicites ou criminelles, et si on était impliqué dans des activités terroristes.

« Voulez-vous assassiner le président des USA ? »

Moi personnellement non, mais des millions de barbus en rêvent…

« Êtes-vous un terroriste ? »

« Êtes-vous séropositif ?… Êtes-vous un criminel?… Avez-vous kidnappé quelqu'un ?… Avez-vous l'intention de vous livrer à des activités immorales aux États-Unis ? »

L'apothéose avait été la dernière question :

« Avez-vous déjà enlevé un enfant américain ? »

Oh my God…

Les huit heures de vol m'avaient plongé dans des abîmes de réflexion. Je quittais la France avec un sentiment d'échec et partais pour tenter de rebondir ailleurs. Pour moi, en France, rien ne marchait et j'avais fait un constat douloureux et frustrant : si je continuais ainsi, je ne parviendrais même pas à atteindre le niveau de vie de mes parents, immigrés algériens qui avaient quitté un pays en guerre et avaient tout reconstruit à la sueur de leur front.

Souvent, avec mes potes, nous nous demandions si, issus de la classe moyenne et ayant grandi à Saint-Denis, nous n'étions pas victimes d'un déterminisme social, car les portes se fermaient systématiquement devant nous. Peu importaient notre motivation et notre courage, tout semblait contribuer à nous laisser dans notre condition d'origine.

À vingt-cinq ans, je vivais toujours chez mes parents, dans la chambre que j'avais partagée pendant plusieurs années avec mon grand frère, et dans laquelle nous avions conservé les lits superposés de notre enfance. Inutile de préciser que je n'amenais jamais aucune fille à la maison. Je ne m'imaginais pas lui demander :

– Chérie, tu prends le lit du haut ou le lit du bas ?

J'avais tenté de faire carrière dans le basket, ma passion depuis l'âge de onze ans. Hélas, j'évoluais dans une équipe de Nationale 3, la 5e division, à Poissy, où l'entraîneur prenait un malin plaisir à m'humilier et me montrait clairement son antipathie. Sa gestion de l'équipe se résumait à encenser son joueur préféré, un Américain, et à mépriser les autres. Et moi le premier. Un soir d'entraînement, une défense coriace de ma part sur son protégé ne lui avait pas plu. Alors il avait pris cette excuse de mon trop-plein d'investissement défensif pour me congédier de l'entraînement.

– Mais arrête, bordel !!! Tu cherches quoi à la fin avec cette attitude agressive, Sami ? cria-t-il.

– Ben, je défends, Coach, je le fais bosser et je bosse en même temps. C'est bon pour l'équipe.

– Tu veux blesser Johnson ? dit-il en me hurlant dessus. C'est ça que tu veux ? C'est le joueur majeur de cette équipe ! Allez, tu dégages de l'entraînement, je ne veux plus te voir.

Et je rentrai penaud et abasourdi chez moi, une vraie victime.

– De toute façon, il est temps que tu trouves un travail sérieux, m'avait dit ma mère. C'est pas le ballon qui va te faire manger !

À table, mes frère et sœurs avaient acquiescé. Selon eux, à vingt-cinq ans, il était temps que je laisse mes rêves de côté et que je mette un pied dans la vraie vie : que je me lève tôt tous les matins comme tout le monde et que j'aille supporter un patron toute la journée pour ramener un vrai salaire.

– Ben le basket, c'est comme un boulot, on a les entraînements, les matchs. Les autres joueurs, c'est comme des collègues et l'entraîneur, c'est un peu un patron. Et je gagne un peu d'argent !

Tout le monde avait ri.
– Un peu d'argent ! Combien ? Huit cent cinquante euros ? C'est la loose !
– Va bosser et reviens me voir. Tu verras que le basket et un vrai boulot, ça n'a rien à voir ! Avec ta baballe, là !

Comme je n'avais plus d'équipe, je tentai de chercher un job en attendant de rebondir. Le conseiller de la Mission locale avait été cash :
– Monsieur, vous ne ferez rien avec une maîtrise de langues étrangères appliquées au commerce, il aurait fallu faire une école de commerce… Mauvais choix ! Là, ça va être très compliqué de trouver quelque chose.
– Ah bon ? Mauvais choix, carrément ? Alors pourquoi on nous encourage à faire des études qui ne servent à rien ?
– Mais je ne bosse pas à l'Éducation nationale, moi, Monsieur Améziane ! avait-il dit en haussant les épaules.

Mes recherches n'avaient rien donné de concret. Dans ma branche il n'y avait rien pour moi, et on exigeait impérativement des diplômés d'école de commerce. Que faire à ce stade ? Je ne pouvais pas recommencer mes études, j'avais été mal orienté par manque d'informations et, contrairement à d'autres, mes parents ne possédaient pas la culture nécessaire pour me conseiller au mieux dans mon parcours. Finalement, à force de démarches, je décrochai quelques heures d'enseignement d'anglais et d'italien dans des collèges et lycées de banlieue où j'officiais comme prof remplaçant, et je poursuivis mon LEA à l'Université de Saint-Denis.

Désormais confronté à la réalité du monde du travail, je me sentais coincé et victime du système. Je faisais des études dans une fac peu valorisée et je ne valais visiblement pas un étudiant d'école de commerce. Avec mon nom à consonance sarrasine et mon adresse à Saint-Denis, ville où, d'après les médias, on brûle des voitures à tous les coins de rue et où la drogue se cultive sur les trottoirs, les portes se fermaient et mon CV marquait plus de paniers que moi en atterrissant dans bien des poubelles.

L'Université Paris 8 se résumait à quelques bâtiments vieillots, gris, parfois délabrés, qui accueillaient principalement les étudiants de la banlieue nord de Paris et nombre d'étudiants étrangers. Nous espérions chaque année la voir figurer dans le palmarès des meilleures universités de France édité par le magazine *L'Express*, mais la vie estudiantine n'y avait rien de glamour, le manque de moyens était criant et les amphis bondés. Les profs qui y officiaient cultivaient pour la plupart un pessimisme déprimant et nous répétaient sans arrêt : « On vous prévient, ça va être compliqué. » Certains, au lieu de nous inculquer la culture de la gagne, nous décourageaient d'entrée de jeu et à leur contact, loin de se sentir les meilleurs, on avait juste envie de tout laisser tomber car, quoi que l'on fasse, c'était foutu d'avance.

Ainsi, victime de ma condition sociale, je continuais de mener une vie qui ne m'épanouissait pas, habité par une frustration grandissante, un sentiment d'échec persistant et l'envie de partir pour essayer de faire quelque chose ailleurs. Mais j'avais le sport dans ma vie et c'était une chance. Il me tenait, me stimulait et je m'y raccrochais pour ne pas tomber. Il aurait pourtant été si tentant de se résigner à la fatalité d'un « no future » et partir en vrille…

L'université se résumait, pour mon inséparable ami William et moi, à une salle d'attente pour chômeurs. Loin de nous stimuler elle nous anesthésiait, et nos journées s'égrenaient sans perspective, rythmées par les cafés dans le hall, les cours et les discussions habituelles teintées d'humour, entre autodérision, clashs verbaux et cruels sarcasmes, sans oublier les innombrables heures passées à la bibliothèque de l'université qui, à elle seule, relevait le niveau de l'établissement.

Un soir, en sortant avec lui du cours d'économie, je tombai sur une affiche : « Partez étudier un an aux États-Unis avec le programme MICEFA. Réunion d'information lundi 16 février à 21 h en salle B212 avec Madame Honecker. » Je connaissais Erasmus mais je n'avais jamais entendu parler de la MICEFA et n'imaginais pas que l'opportunité de partir étudier aux États-Unis à moindres frais fût possible. Cette réunion changea mes perspectives et me redonna espoir. Si je n'avais pas les moyens de faire une école de commerce en France, je pourrais peut-être décrocher une place dans une business school aux États-Unis, et ainsi faire un beau pied de nez à l'énergumène de la Mission locale.

Lorsqu'elle me reçut dans son bureau, Nancy Honecker me plut immédiatement avec son fort accent américain. Avenante et de bon conseil, elle prit le temps de m'expliquer le principe du programme d'échange et me posa des questions ciblées afin de m'orienter au mieux. Je comptais demander une fac en Californie ou à San Francisco, mais il y avait beaucoup d'appelés pour peu d'élus. S'il fallait partir, autant aller au soleil…

C'est la coordinatrice, Nancy Merritt, qui prit en charge mon dossier et me proposa une affectation dans une autre région :

– Qu'est-ce que vous aimez faire dans la vie ?
– Je joue au basket, c'est ma passion.
– Très bien, alors UConn ce sera parfait pour vous. C'est une excellente business school et ils ont une belle équipe de basket… Vous pourrez aller voir leurs matchs.
– Mais c'est où, UConn ?
– UConn, University of Connecticut, c'est à une heure de New York.
– Ah, mais c'est l'équipe qui a gagné le championnat cette année !

Quelle coïncidence ! Malgré tout, je ne m'emballai pas, l'acceptation de mon dossier dépendait de mes résultats au TOEFL et il fallait voir s'il restait encore de la place à UConn. Vu comme j'avais la poisse, je préférais monter mon dossier en catimini et attendre la réponse avant d'en parler autour de moi.

Pour obtenir les avis favorables nécessaires à mon dossier, il me fallait récupérer les opinions de mes professeurs d'université. Ce ne fut pas chose facile. De prime abord, deux d'entre eux me le refusèrent catégoriquement :
– Un avis favorable pour partir aux États-Unis, et puis quoi encore ? Seuls les meilleurs éléments peuvent partir… C'est loin d'être votre cas.
– Ah non, vu vos notes, par rapport à d'autres étudiants, ce n'est pas envisageable !
– Mais eux ne veulent pas partir, Madame !

Je compris vite que, si je voulais glaner de bonnes appréciations des autres enseignants, il me faudrait contourner l'obstacle… Je devais absolument récupérer ces avis positifs. La seule solution à ma portée fut de feinter, de m'intéresser à leurs passions et de leur proposer des choses en rapport avec ces hobbies, bref un échange de bons procédés plutôt qu'une volonté directe et un peu honteuse de les soudoyer…

Par chance, l'un de mes amis travaillait au Consortium du Stade de France et pouvait, à l'occasion, m'avoir des places pour certains événements. L'occasion rêvée pour faire plaisir et s'assurer des faveurs. J'invitai l'un des enseignants en loge au Stade de France pour voir un match de rugby, son rêve ; deux places de concert, toujours en loge, à cette autre prof, folle des Rolling Stones ; ou encore une finale de coupe de France à ce fan de football, toujours en loge et aux petits soins. Je me défis même de ma collection d'anciens billets de banque au profit d'un dernier qui les collectionnait. Au fur et à mesure, je récoltais mes avis favorables et constituais mon dossier.

Une fois réunies les pièces nécessaires, je retournai voir Nancy Merritt.

– Parfait, dit-elle en parcourant les différents éléments de mon dossier. Il ne manque plus que le justificatif de compte courant de la banque faisant figurer les dix mille dollars américains et on est bon.

– Comment ça, dix mille dollars américains et on est bon ???

– Oui, il vous faut dix mille dollars pour payer votre logement là-bas et la nourriture. C'est une précaution que prennent les universités américaines, pour être sûres que vous paierez…

– Mais je croyais qu'on ne payait que les droits universitaires français ! C'est le prix d'une école de commerce en France ! Quel est l'intérêt de payer autant pour aller faire la même chose là-bas ? Et je n'ai pas cet argent…

– Une école de commerce en France ? Pour travailler en France ? Hahaha ! Moi, je vous propose, pour dix mille dollars, d'étudier dans l'une des universités les plus prestigieuses des États-Unis d'Amérique et de rencontrer le monde entier. Pour un étudiant américain, le prix moyen est de quarante mille dollars. Réfléchissez bien, Monsieur Améziane, vous avez vingt-cinq ans, c'est une opportunité qui ne se représentera pas dans votre vie. Et n'oubliez pas que sans ce document bancaire vous ne pourrez pas partir !

Le soir venu, autour de la table familiale, j'annonçai la nouvelle à mes proches :

Moi : Je vais peut-être partir aux États-Unis.

Ma mère : Ah non, Sami, c'est dangereux ! Là-bas la police tire sur les gens !

Mon frère : Ah cool, je vais avoir la chambre pour moi tout seul !

Ma sœur aînée : Et tu pars quand ?

Moi : Ben a priori c'est mort. Il faut dix mille dollars pour partir, j'ai que deux mille euros.

Mon frère : Ah, t'as pas assez d'argent ? Ben t'avais qu'à mieux travailler à l'école !

Mon père : Nous, on a un gars du village, il est parti en Amérique… Il a bien réussi. C'est un directeur d'entreprise, je crois.

Ma sœur cadette : C'est cher, les États-Unis ! T'es sûr que ça vaut le coup ?

Moi : Je ne suis sûr de rien mais je suis sûr d'une chose. Si je reste ici, je ne dépasserai pas le niveau de vie de papa et maman. Et j'ai besoin de partir, faut tenter un truc à un moment donné.

MA MÈRE : Et nous, tu nous laisses ? Qu'est-ce qu'il a, notre niveau de vie ? On vit bien en France.
MOI : Maman, on est pauvre, et j'envoie des CV partout, ça ne marche pas ! Impossible d'avoir même un entretien. Et le sport, c'est encore plus dur. J'ai l'impression d'être maudit.
MA MÈRE : Maudit ? *Tfou arlik* ! Ne parle pas comme ça ! Nous, on a mangé des cailloux, on a vécu la misère. Vous, vous avez ce que vous voulez ! T'as qu'à travailler plus !
MOI : Maman, je demande que ça. Regarde-moi, j'ai vingt-cinq ans, je vis encore chez vous, je dors sur des lits superposés avec cet *arioul* et j'arrive pas à trouver du travail.
MA MÈRE : Plains-toi ! Au bled, ils ont des doubles lits superposés, ils dorment à huit par chambre, deux par lit et tête-bêche. Toi, c'est le luxe !

Les autres se mirent à rire autour de la table.

MOI : Mais c'est pas marrant. Tu me parles de l'Algérie mais on n'est pas en Algérie ici.
MA MÈRE : Ça suffit !!!

Je me tus devant l'accès de colère qui me rappelait mon enfance et me terrorisait… J'avais la sensation étrange d'être solidaire de mes proches mais tellement éloigné d'eux à la fois. Un silence pesant parcourut la tablée et la tristesse de la fatalité se fit sentir jusqu'à la fin du repas.

Après avoir vérifié mon passeport, et avant même de fouiller ma valise, l'agent des douanes avait demandé à voir l'attestation des dix mille dollars. Il l'avait examinée longuement, soupçonnant peut-être un faux, m'avait toisé en silence quelques secondes puis avait entré quelques données dans son ordinateur.

Il m'avait fallu ruser pour obtenir ce document. Avec mon frère, nous avions convenu qu'il me verserait les dix mille dollars provisoirement sur mon compte et qu'il les récupérerait une fois que je serais installé sur le campus.

Après mon entrevue avec Nancy Merritt, j'avais retourné la question des dix mille dollars dans tous les sens. Je savais que les Américains s'endettaient pour payer leurs études (Obama avait bien remboursé Harvard à cinquante-cinq ans !), mais même si j'avais voulu prendre un crédit, n'ayant ni bien immobilier, ni emploi stable, les banques auraient refusé car je n'avais pas de garanties.

– Sinon, y'a toujours Cofidis… m'avait suggéré William.

– Ouais, c'est ça. Le crédit revolving, rien de tel pour se foutre dans la merde. T'en as d'autres, des idées de génie comme celle-là, toi ?

Je passai la nuit qui suivit à réfléchir au moyen de récupérer les huit mille dollars manquants.

Le lendemain, ma mère frappa à la porte de ma chambre un papier à la main.

– Sami, j'ai réfléchi : pour tes études en Amérique, j'ai un peu de sous sur mon compte épargne retraite, je vais te les donner pour que tu puisses partir…

Sa proposition m'avait automatiquement mis une boule au ventre, fait monter une angoisse inattendue et des larmes irrépressibles aux yeux. Bouleversé, je refusai catégoriquement. Pendant vingt ans, ma mère avait travaillé comme femme de ménage quelques heures par jour au Clos Saint-Lazare, à Stains, une des cités les plus chaudes du 93, dans les bureaux de la DDASS. Elle aurait bientôt droit à une retraite misérable, et elle voulait casser son plan d'épargne retraite pour financer mon année aux États-Unis.

– Jamais de la vie, maman ! Tu as travaillé toute ta vie, tu ne vas pas me donner cet argent. Je vais me débrouiller, ne t'inquiète pas !

– Ah oui ? Et comment tu vas faire ?

– Je vais me démerder !

– Écoute, tu vas travailler chez Moh. Il te prendra dans la boutique de son copain pour les livraisons, c'est une bonne place. Et si ça marche pas, tu iras chez Lhedi au marché de Saint-Denis, il vend des jeans, il te prendra pour me rendre service.

Finalement, je fus embauché au magasin et me retrouvai à travailler en alternance avec mon grand frère. Cette opportunité ne m'enchantait guère mais j'avais besoin de cet argent. Pendant six mois, j'enchaînai l'entraînement le matin, la fac la journée, mes cours d'anglais et d'italien en collège-lycée, et le soir et les week-ends, je me rendais à la supérette où bossait mon frère pour enfiler ma casquette d'épicier. Épicier comme mon père à son arrivée en France et comme feu mon grand-père paternel en Algérie, je m'inscrivais en quelque sorte malgré moi dans la tradition familiale… Assurément, tenir une boutique, ce n'était pas vraiment la vie dont je rêvais, surtout que celle-ci, implantée à Argenteuil et ouverte jusqu'à deux heures du matin, voyait passer un nombre impressionnant de cassos. Le soir, ils semblaient sortir de terre pour venir se ravitailler en alcool, cigarettes et papier à rouler. Ces épiceries reubeues où tous les clients t'appellent « chef », « cousin » ou encore « frère », autant de sobriquets qui signifient « sers-moi », et où chaque client est un spectacle à lui tout seul, comme celui que j'appelais « l'Homme à la cigarette » :

– Chef, vous vendez une cigarette ?

– Ah non… Mais on a des paquets !

– Non, non, je veux pas un paquet, je veux une cigarette !

– Ah non, désolé, ça, c'est pas possible.

– C'est pas possible ? Pourquoi tu dis que c'est pas possible ?

Il avait dit ça sur un ton franchement étonné. À l'évidence, il n'avait pas toute sa tête et il me regardait d'un air étrange, comme habité. Il se mit à faire les cent pas nerveusement.

– Moi, je leur parle, aux cigarettes, moi ! Elles m'écoutent…

– Ah ouais ?

– Ouais, des fois on n'est pas d'accord sur la politique, mais ça c'est pas grave parce que ce qui compte dans la vie, c'est ce que ta mère te dit. Et moi, ma mère, même quand je lui disais que je sentais le Shetan en moi, elle me disait « mais non, mon fils, mais non, tu as la voix d'un ange, tu es un ange, paix à ton âme ». Ma mère, elle me protège. C'est moi le chef du quartier, tu sais ! Tu les entends, cousin ? Ils nous regardent tous…

Il était 1 h du matin et il n'y avait pas un chat dans le magasin, il pouvait aussi bien sortir un flingue et braquer la caisse ou me tirer dessus… Oui, il était fou, dingue, barge, barré, cinglé. Comment dialoguer avec un fou ? Aller dans son sens ? Jouer les dingues moi aussi ? Mais pourquoi diable attirais-je toujours les mecs chelous ?

Je lui tendis un Carambar.

– Tiens, voilà une cigarette pour le chef du quartier ! Cadeau de la maison ! Allez, bonne soirée…

Il sembla heureux et tourna les talons. Et moi, je respirai : « Un dingo de moins. »

À ce rythme, j'aurais pu oublier la business school et finir en psychiatrie, mais je tins bon. Si je ne parvins pas à réunir l'équivalent de dix mille dollars, je mis suffisamment d'argent de côté pour payer ma chambre universitaire. Pour le reste, je me préparais à vivre avec le minimum, et j'aurais sans doute à me restreindre sur la nourriture, peut-être même ne faire qu'un repas par jour.

La chance commença à me sourire un mois avant mon départ, quand Nancy Honecker me contacta pour me proposer un poste d'assistant de français. Je postulai à distance auprès d'Anne Berthelot, la responsable du Département de français à UConn, et obtins par téléphone la place pour le premier semestre de mon échange universitaire. Recruté par téléphone pour donner des cours de français, quelle chance ! Avec ce petit boulot, je pouvais partir l'esprit un peu plus tranquille.

À l'aéroport, avant de prendre un taxi pour New Heaven, je m'étais attablé dans un snack, histoire de ne pas arriver le ventre vide chez l'amie qui m'hébergeait pour la nuit. Lisa, une Franco-Américaine rencontrée à Saint-Denis, m'offrait le gîte, je n'allais pas exagérer et réclamer le couvert. La serveuse américaine, particulièrement avenante, m'apostropha avec beaucoup d'enthousiasme.

– Salut *honey*, comment ça va ce soir ? Comment tu te sens ?

Bizarre de me donner du « chéri » alors qu'on ne se connaissait même pas. Peut-être une coutume américaine… C'était gentil de me demander comment je me sentais, ça ne m'était jamais arrivé… à part lors d'une consultation médicale.

– Euh… Bonsoir… Ben ça va bien. Je me sens bien, merci !

– Oh, mais tu as un accent, d'où viens-tu ?

– De Paris.

– Paris, oh, j'adore Paris ! Le Louvre ! Le Tour Eiffel !

Elle se mit à chanter :

– Voulez-vous coucher avec moi ce soir ?

Je n'avais même pas essayé de la brancher qu'elle était déjà à fond sur moi… De quoi regonfler mon ego en berne.

– Qu'est-ce qui te ferait plaisir, honey ?

– Un sandwich poulet et une bouteille d'eau. Merci.

Elle me fit un sourire plein de sous-entendus et s'éloigna pour revenir aussi vite avec ma commande.

Je sentais que j'allais me plaire dans ce coin où les Français semblaient avoir tellement la cote.

Elle me gratifia à nouveau de son plus beau sourire, puis elle posa l'addition sur la table en me demandant si tout se passait comme je le voulais. J'acquiesçai et déposai les dix dollars cinquante que je devais. Elle prit la coupelle, fit quelques pas puis s'arrêta net et revint vers moi, le visage soudain fermé.

– Eh, et les pourboires alors ?

– Les pourboires, quels pourboires ?

– Quels pourboires ? Eh mon petit, ici, on est aux États-Unis, et le service, ça se paie. Il faut laisser entre dix et vingt pour cent de l'addition en guise de pourboire. En général, les gens laissent vingt pour cent !

Comme elle n'avait pas l'air de plaisanter, à la fois surpris et contrarié, je sortis un billet de cinq dollars qu'elle m'arracha presque des mains.

Je me levai et quittai le snack en maugréant, non sans l'avoir entendue lancer :

– You tchip French ! *

Ma première expérience américaine se révéla bien différente de

---

* Radin de Français !

tout ce que j'avais pu voir dans un snack français… Et je n'étais pas au bout de mes surprises. Plus tard, je compris que nous, Français, n'étions pas familiers du *tip*, le pourboire qui se situe entre dix et vingt pour cent du montant de la note. Nous avions ainsi gagné notre réputation de crevards internationaux, si bien que le touriste français était honni des serveurs aux USA.

Dans le bus qui me conduisait à Storrs, la ville où se trouvait le campus, j'essayais de terminer ma nuit. Le canapé de Lisa m'avait fait mal au dos et j'avais ressassé une partie de la nuit le souvenir de mes proches, tristes de me voir partir. Ces séparations m'avaient bouleversé. Deux de mes amis, l'une de mes sœurs et ma petite amie m'avaient accompagné jusqu'à la porte d'embarquement. Ma mère m'avait serré dans ses bras longtemps en me répétant de faire attention à moi et elle avait tant pleuré que je ne résistai pas et pleurai moi aussi. Mon père, stoïque comme d'habitude, n'avait pas fait le déplacement. Au moment où je quittai la maison, il m'avait fait la bise puis avait sorti son portefeuille de la poche arrière de son pantalon.

– Attends, je te donne un peu de sous pour l'Amérique…

Il m'avait dit ça comme lorsque j'étais gamin et qu'il me donnait un petit billet pour me féliciter d'avoir rapporté un bon bulletin scolaire.

Il m'avait tendu un billet de cinquante euros, soit l'équivalent de quinze centimes d'euro par jour à dépenser sur place. Son geste m'avait ému et fait rire en même temps. Peut-être pensait-il que je reviendrais dans quelques jours. Sacré papa, tellement à côté de la plaque qu'il en devenait touchant…

Le bus filait à travers le *countryside*, la campagne américaine. Hormis quelques maisons ici et là, et quelques 4×4 que nous croisions de temps à autre, il n'y avait pas âme qui vive. Joli mais complètement paumé ! C'était la nature à perte de vue… et des drapeaux américains devant chaque maison. Cet élan de patriotisme m'étonnait. Les Américains et leur drapeau étaient peut-être des Algériens qui s'ignoraient…

Je commençais à me demander si j'avais pris le bon bus mais un passager me rassura : nous allions bien en direction de Storrs, Connecticut.

Je sentais que j'allais passer une année tranquille… À une heure de New York, en effet, il n'y avait pas grand-chose à faire, j'allais vite déchanter.

Lorsque le bus me largua sur le campus, la première image qui me vint fut celle des séries américaines : dans un cadre bucolique, de petits groupes d'étudiants discutaient et riaient entre eux de manière détendue, certains allongés sur la pelouse, d'autres adossés à un arbre. Les filles déambulaient dans des petites tenues sexy, en minijupe ou microshort pour la plupart, l'air insouciant, les garçons, bodybuildés à souhait, exhibaient leurs muscles et leurs tatouages à travers des débardeurs moulants. Visiblement j'avais affaire à une jeunesse décomplexée qui profitait de la douceur de vivre de cette fin d'été. Tout semblait paisible, le ciel était bleu, on entendait le chant des oiseaux et il n'était pas rare de surprendre deux écureuils qui se poursuivaient. Ça me changeait de mes pigeons amochés et de mes bagarres de rats en face du magasin Carrefour de Saint-Denis.

En déambulant au hasard des allées, je restai bouche bée devant l'immensité du campus. C'était une ville dans la ville avec plusieurs bâtiments dédiés chacun à un enseignement spécifique : Médecine, Horticulture, Musique, Droit, Commerce, Langues étrangères… Il y avait aussi un centre commercial, un théâtre immense, un centre de conférences, des restaurants, des pubs, des boutiques, un musée, des infrastructures sportives et les *gratdorms* *. Au total, l'Université du Connecticut pouvait accueillir jusqu'à vingt mille étudiants et possédait même sa propre police, la UConn Police.

J'allais demander mon chemin lorsque mon regard se posa sur un panneau « Programme d'échange MICEFA, bâtiment Administration, bureau 102 ». La secrétaire qui m'accueillit me remit les clés de ma chambre et un plan qui me fut bien utile les premiers jours car je me perdais systématiquement. Faisant partie des étudiants en Master, j'eus la chance d'avoir une chambre pour moi seul, les étudiants des autres niveaux devant partager la leur. Dans ma chambre, je trouvai le minimum vital : un lit, un bureau et une chaise. Les sanitaires étaient au fond du couloir et, à l'entresol, nous disposions d'un espace commun où nous pouvions cuisiner. Je fis très rapidement connaissance avec mon voisin de chambre, Chung, un étudiant en économie d'origine chinoise, qui me présenta à d'autres étudiants étrangers

* Résidence universitaire.

de sa section, si bien que très vite j'évoluai dans un environnement international.

Le jour suivant mon arrivée, je me rendis à la réunion destinée aux assistants de français animée par Alain Lescart. Nous étions cinq, j'étais assis à côté de Julien que j'avais déjà aperçu à Paris à la MICEFA. Je tentai de faire connaissance avec lui mais il m'ignora superbement.

– Vos cours, expliqua Alain Lescart, seront dispensés exclusivement en français, ce sont les nouvelles méthodes d'enseignement. Toutes les instructions figurent dans le syllabus que je vais vous distribuer. Vous devrez vous y référer à chaque fois.

– Exclusivement en français ? demanda Julien. Mais si les élèves ne comprennent pas, on pourra quand même leur parler en anglais ?

– Si les élèves ne comprennent pas, vous devrez répéter, ou formuler différemment… Bien, maintenant, je tiens à vous donner quelques conseils très importants : ici, vous êtes aux États-Unis, et au niveau des mœurs, cela n'a rien, mais rien à voir avec la France. C'est un pays qui reste puritain et il y a eu de nombreux cas d'étudiants américains ayant porté plainte contre leurs professeurs pour harcèlement, moral ou sexuel. Donc quelques précautions : ne fermez jamais la porte de la salle lorsque vous êtes seul avec un étudiant, évitez les contacts visuels trop poussés, et bien sûr, n'acceptez jamais de rencontres extra-scolaires de leur part et encore moins d'argent ou de cadeau, sans parler des propositions indécentes, sinon vous risquez gros !

Avec ma chance, mon premier cours fut une mise à l'épreuve. J'étais en charge d'une classe de douze étudiants américains. Face à moi, au milieu de la classe, Chelsea, une très jolie fille que j'avais déjà croisée sur le campus sans savoir qu'elle serait mon élève, me faisait littéralement les yeux doux.

– Alors, selon vous, quelle serait la meilleure façon d'apprendre le français ?

– Aller habiter à Paris… fit l'un.

– Très bien ! Quoi d'autre ?

– Regarder des films en français ou écouter des chansons en français… fit l'autre.

– Oui… Très bien pour éduquer votre oreille au français.

– Rencontrer un beau prof de français et faire des *french kiss* après les cours, fit Chelsea avec un sourire équivoque.

La salle se mit à rire. Je baissai immédiatement les yeux, de crainte que quelqu'un atteste que j'avais souri et encouragé des propos à connotation sexuelle pendant mon cours.

– OK, hum, bravo Chelsea, bonne vanne ! Qui est déjà allé en France ?

Chelsea leva la main puis prit la parole en jouant subtilement avec ses cheveux. Décidément, si je pensais m'en sortir comme ça…

– Moi ! Je vais régulièrement en France et je cherche un Français pour toucher les allocations familiales !

– Hahaha ! Décidément, Chelsea ! Elle connaît même le fonctionnement du système français, quel talent !

À la fin du cours, devant son niveau de français largement supérieur au reste du groupe, je lui proposai de l'orienter vers le cours d'Alain Lescart, destiné aux élèves de niveau avancé. Cela lui éviterait de s'ennuyer et cela m'éviterait d'inexorables ennuis. L'art de se refiler la patate chaude… J'étais venu aux States pour essayer de faire quelque chose, pas pour me retrouver impliqué dans une affaire de harcèlement sexuel et écoper de cent cinquante ans de prison. Car aux États-Unis la justice a ceci de farfelu qu'elle peut cumuler les peines de prison à vie, si bien qu'un condamné peut écoper d'une triple perpétuité plus dix ans. En gros, il doit faire de la prison toute sa vie, mourir deux fois, ressusciter et revenir en prison pendant dix ans. Une autre forme de voyage… Welcome to America !

Les deux premières semaines, je me familiarisai avec ma nouvelle vie sur le campus en prenant tranquillement mes marques. Il fallait bien le reconnaître : la qualité de vie à UConn était exceptionnelle. Chaque matin, je savourais le plaisir de faire mon footing autour de l'un des lacs — le campus en comptait plusieurs. Malgré l'effervescence de la vie universitaire, il était aisé de s'isoler dans la nature environnante, de méditer en regardant les écureuils grimper aux arbres et de jouir, le temps d'une pause, d'un calme absolu.

L'enseignement était de qualité et l'ambiance sereine. En fin d'année, les enseignants étaient évalués par leurs élèves ; de fait, ils veillaient à rendre leurs cours intéressants et interactifs. L'université disposait de moyens importants, les locaux étaient agréables et parfaitement équipés. À la bibliothèque, immense, le nombre d'ouvrages dans toutes les thématiques possibles et imaginables était impressionnant, des rayonnages longs de plus de cinquante mètres, et les étudiants avaient à leur disposition plusieurs ordinateurs avec accès Internet haut débit. La vie universitaire foisonnait d'événements organisés tout au long de l'année. Un étudiant ne pouvait que s'épanouir dans de telles conditions. Le fossé avec Paris 8 était gigantesque, c'était comme comparer Internet et le Minitel, sûrement la différence de prix…

Dès que j'avais un moment, toujours transcendé par ma passion qui ne m'avait pas quitté, je me rendais au Gym, le complexe sportif de haut standing de l'université où se côtoyaient tous les étudiants avides d'effort et d'activités sportives. Au milieu de ce complexe, les terrains de basket occupaient une place de choix, tellement beaux et propres qu'on pouvait se voir dans le parquet lustré quotidiennement. Ça me changeait du *playground* en béton armé de Marville, à Saint-Denis, qui nous massacrait les genoux et rendait nos articulations fragiles. J'y rencontrais souvent d'autres joueurs américains et me frottais à eux quel que soit leur niveau. La plupart, de grands colosses afro-américains, étaient redoutables mais je me défendais bien et en mis plusieurs à l'amende. À force d'y être vu à n'importe quelle heure du jour ou de la nuit (les lieux restaient ouverts jusqu'à minuit), je devins rapidement le Français le plus connu du Gym. La première fois qu'un des gars, Jake, me demanda où j'avais appris à jouer comme ça, il en resta bouche bée :

– En France.

– Quoi, vous jouez au basket *overseas*? C'est incroyable!

Sûr, en tant qu'inventeurs du basket, nombre d'Américains nous prenaient pour des bouseux. Mon interlocuteur ne prit même pas la peine de mentionner que j'étais de France mais d'overseas, cette expression qui signifiait « au-delà des mers ». Pour de nombreux Américains, nous étions une sorte de pirate mi-clandé mi-migrant en quête d'un trésor… Ils n'avaient pas forcément tort…

Je constatais que le propre des Américains était souvent d'ignorer qu'il se passait des choses hors des États-Unis. De fait ils s'en fichaient royalement et raisonnaient en « insulaires ». Tout ce qui n'était pas américain n'avait pas vraiment d'intérêt à leurs yeux. Remis de sa surprise, Jake me proposa de me joindre à son équipe pour un tournoi amateur quelques jours plus tard, car ils avaient besoin d'un meneur. J'acceptai sans me faire prier. Le jour J, nous remportâmes le tournoi du campus et plusieurs joueurs me félicitèrent pour mon niveau, étonnés qu'un *French* sache dribbler, tirer et défendre comme un des leurs.

Un samedi soir, Chung frappa à ma porte et me proposa de sortir au Huskies' Bar, un des pubs les plus populaires du campus avec le Ted's Bar. Ce soir-là, les filles n'avaient pas lésiné sur les talons hauts et les tenues ultra sexy, certaines d'entre elles dansaient de manière ouvertement provocante comme dans les clips de rap, se frottant aux types qui se trouvaient près d'elles et qui étaient aux anges. Chung et moi observions le spectacle qui s'offrait à nous, l'œil gourmand : deux clandés abandonnés, en galère de tendresse.

Dans la foule, je repérai David, l'un des Français du groupe d'échange, accompagné de deux filles que je ne connaissais pas. Je lui fis un signe de la main mais il m'ignora, comme à chaque fois.

En jouant des coudes, nous atteignîmes le bar. Tout le monde semblait déjà bien alcoolisé et nous n'étions qu'au début de la soirée. Au bar, à ma grande surprise, une jolie blonde m'accosta.

– Tu n'es pas d'ici, toi…
– Pourquoi tu dis ça ?
– La façon dont tu t'habilles. C'est européen, ça…
– Hahaha… Tu es donc profileuse en origine selon les vêtements…
– D'où viens-tu ?
– Je suis français.
– Ah… fit-elle, l'air déçu, comme si elle venait de perdre un pari avec une copine.

Je lui posai quelques questions mais elle se contenta de répondre par oui ou par non, sans grand enthousiasme. Je n'avais pas l'air de l'intéresser. Soudain, elle me demanda :
– Bon, tu me paies un verre ou on reste comme ça ?
– J'ai pas d'argent, désolé, chère amie…

Elle tourna les talons et décampa sur-le-champ. Charmant.

Plus tard, sur la piste, une autre qui dansait près de moi entreprit de me *grinder* *. Elle ondulait, se cambrait, relevait ses cheveux et tournait sur elle-même en me souriant.
– Eh, mon pote, t'as une grosse touche, on dirait ! me fit Chung, envieux.

Je le voyais bien, que j'avais une touche, mais je décidai de la laisser mariner un peu. Je détournai le regard mais elle insista en me fixant dans les yeux. Pas de doute, je lui plaisais. Lorsque le DJ balança un tube d'Usher, elle se déchaîna et se plaqua contre moi en ondulant ostensiblement. En confiance, je posai mes mains autour de sa taille et me collai à elle en jouant de mon bassin.

---

* Danser en se frottant à un partenaire.

Nous dansâmes ainsi une bonne partie de la soirée lorsqu'elle se planta devant moi, l'air soudain fermé, et me dit, avant de tourner les talons et de s'évaporer dans la soirée :

– Bon ben, c'était sympa, bonne soirée !

C'était sympa ? Bonne soirée ? Encore une surprise ! À Paris, n'importe quel couple ayant dansé de cette manière aurait fini la nuit ensemble ou aurait au moins échangé quelques baisers, notre côté latin lover aurait pris le dessus. Mais ici, non, ça ne se passait pas comme ça… Décidément, les Américains étaient spéciaux, et je découvrirais lors des soirées suivantes que c'était toujours le même rituel : les filles aguichaient ouvertement, provoquaient sans limite, les mecs jouaient le jeu et en fin de soirée, tout s'arrêtait et tout le monde rentrait chez soi. Merci, au revoir ! Leurs comportements en matière de séduction semblaient robotisés. Quant à leur conception de la fête, une soirée réussie était selon eux une soirée où l'on buvait jusqu'à s'en rendre malade, le must étant de vomir ou de flirter avec le coma éthylique. Ce soir-là, je n'eus aucune touche, pas plus que les soirées qui suivirent. Le Français que j'étais n'avait clairement pas la cote… ou je n'avais décidément pas les bons codes. Mais à vrai dire, étais-je venu pour cela ? Assurément non ! Le fait est que malgré tout, culturellement, j'apprenais tous les jours et je n'étais pas au bout de mes surprises…

Trois semaines après mon arrivée, Chung toqua à ma porte.

– Tu fais quoi ce soir ?

– T'es encore en galère et tu vas me proposer une soirée loose dans un bar du campus ? Nan, c'est bon, j'ai donné ! Je vais travailler, j'ai mes cours à préparer pour la semaine…

– Ah, dommage parce que j'avais une place en plus pour la *Presentation Night* de l'équipe de basket. C'est juste en face, à Gampel.

Des places pour aller voir les Huskies en vrai ? Je me ravisai.

– Ah, euh… Ben oui pourquoi pas, ça pourrait être sympa… Cool d'avoir pensé à moi. Allons-y !

Je savais que les Américains adoraient le basket, ce fut une évidence lorsque je vis le nombre de personnes massées dans les gradins de Gampel bourré à craquer. La soirée de présentation de l'équipe, réglée au millimètre, démarra avec la fanfare, omniprésente à chaque événement de l'université, puis les pom-pom girls exécutèrent leur chorégraphie avant de laisser place au maître de cérémonie. Dans une ambiance de folie, avec feu d'artifice dans la salle même, on présenta un à un les joueurs de l'équipe, des bêtes de muscles, qui entrèrent sur le terrain en courant, ou, pour certains, en improvisant quelques pas de danse. Ce soir, l'équipe avait un but unique : impressionner le public, son public.

Les joueurs s'affrontèrent dans un *pick up game* * pour le plus grand bonheur de leurs fans, puis ils se lancèrent dans une compétition de *dunks* ** savamment orchestrée et terminèrent par un concours de tirs à 3 points. Chaque joueur avait à cœur de montrer ce qu'il savait faire.

– Ils sont bons ! lança Chung.

– Tu m'étonnes, ce sont les meilleurs !

– Tu t'y connais en basket ?

– Mais c'est ma passion, le basket ! Je jouais en pro en France…

– Pffff, qu'est-ce que c'est que ces conneries ? Toi, pro ? Hahaha… mais t'es minuscule !

– C'est pas des conneries, je te jure que c'est vrai !

Chung se tourna vers les deux amis qui nous accompagnaient et leur répéta mes propos. Ils me toisèrent et éclatèrent de rire.

– Toi, tu joues en pro ? Mais t'es un nain !… *Midget !…*

La soirée se termina et je rentrai rêver des actions dont j'avais été témoin sur le terrain, cette chance d'avoir vu les UConn Huskies, champions NCAA, en vrai, et pas devant ma télé en direct de mon 9-3.

---

* Match d'exhibition.

** Smashs.

Ce matin-là, le miroir avait été sans appel :

– Oh, cette tête de clandé, mon gars !

J'essayai d'arranger mes cheveux, je les plaquai avec de l'eau sur le côté, mais à part aller chez le coiffeur, il n'y avait rien à faire.

Au *dining room*, une des cafétérias du campus où je m'étais attablé en compagnie des autres Français, la conversation avait gravité autour des profs et des cours, rien de bien passionnant, et j'avais pris une résolution à laquelle il fallait que je me tienne : les côtoyer le moins possible afin de profiter au mieux de cette année en immersion aux États-Unis et progresser en anglais. Le temps allait passer très vite, et s'enfermer avec le même groupe pour parler français n'aurait aucun intérêt.

Par réflexe sécuritaire, quand on est à l'étranger, on a tendance à côtoyer ses semblables. J'avais fait la connaissance de Jennifer, Selma, Alix et Dora le jour de mon arrivée sur le campus avec le programme d'échange universitaire. Je fis la connaissance des garçons quelques jours plus tard par l'intermédiaire de mes camarades françaises. Se retrouver ensemble aux diverses cantines qui pullulaient sur le campus était devenu un petit rituel. Comme je partageais avec eux tous mes repas, je commençai très vite à sentir nos différences, non pas culturelles, mais de classe… Être français sur un campus à l'étranger et côtoyer des compatriotes permet un ressenti exacerbé des problèmes de l'Hexagone, car les difficultés relationnelles de tous ordres apparaissent amplifiées… et il est moins aisé de les pousser du pied sous le tapis.

Très vite, ma relation avec mes compatriotes masculins devint exécrable. Ils se moquaient ouvertement de mon accent de banlieue et de ma fac, Paris 8, qu'ils qualifiaient de repère de clandés, et qui bien évidemment n'était pas à la hauteur de la leur, Dauphine pour Julien, Assas pour Jonathan et Laval à Montréal pour David. Les trois oiseaux me caricaturaient ouvertement, et moi je ne pouvais que ravaler ma rage. Leur mettre physiquement la raclée qu'ils méritaient les aurait confortés dans leur idée qu'en effet les banlieusards étaient tous des sauvageons.

Je pris donc sur moi et me résignai à limiter le dialogue avec ce petit bourgeois de Julien, fils à papa qui étudiait aux Amériques tous frais payés et plein pot… Dans ces échanges pourtant limités arrivait toujours le moment où nous abordions le sujet qui mettait tout le monde d'accord : le sport. Nous étions émerveillés par les infrastructures sportives que proposait le campus, les terrains de basket flambant neufs, les salles de sport dernier cri, une piscine olympique, deux stades immenses et partout une ambiance de *mens sana in corpore sano*. Sur le campus, l'athlète, ce demi-dieu qui pouvait avoir tout, tous et surtout toutes, était vénéré. L'équipe de basket de la fac était la référence ultime, un basketteur de UConn n'avait pas besoin de parler pour séduire qui il voulait, il était la séduction même, le rêve absolu.

Avec David, Julien et Jonathan, nous avions l'habitude de nous croiser aussi au Gym, car au-dessus des terrains de basket se trouvaient les terrains de squash, le lieu de rendez-vous de ces trois inséparables...

– Faut qu'on se fasse des parties de squash plus régulièrement les gars, ça détend trop. T'es pas trop squash, toi, Sami ?

– Hahaha ! Non, lui c'est plus la balle au panier, enchaîna Julien.

– Dis donc, on t'a vu jouer avec les blacks américains hier... Qu'est-ce qu'ils sont balèzes ! Tu devrais jouer avec les UConn Huskies, fit David en ricanant.

Julien reprit en moquant mon accent :

– Ah... Il en rêverait... Le pauvre... Arrêtez de donner de faux espoirs aux gens...

Et ils se mirent à rire.

– Vous vous éclatez, les gars, c'est l'essentiel. J'ai hâte de voir vos spectacles.

Je revins à ma préoccupation du matin pour changer de sujet et leur demandai s'ils connaissaient un salon de coiffure où je pourrais me faire couper les cheveux.

Julien, en bon Monsieur-je-sais-tout qu'il était, et comme il devait l'avoir toujours fait en classe, s'empressa de répondre :

– Y'en a deux sur le campus, un coiffeur un peu bizarre, pas très cool à côté de Hiltop et une super sympa derrière Ted's, le pub du campus, à côté du Starbucks.

Jonathan, l'étudiant de Dauphine, répliqua :

– J'te conseille la coiffeuse, elle kiffe peut-être les mecs de Saint-

Denis… Et elle est super bonne… C'est une Californienne. T'as toutes tes chances !

Tous trois éclatèrent d'un rire sonore. Le repas s'acheva dans un climat socialement perturbé… à la française.

En arrivant à hauteur du Starbucks, j'aperçus immédiatement le salon de coiffure avec son enseigne « Skora's barber and styling shop. Professional mens hair stylist ».

Une styliste professionnelle ! Cette histoire allait me coûter un bras…

Je mis à peine le pied à l'intérieur du salon que la coiffeuse m'alpagua :

– Hey, salut, comment ça va aujourd'hui ? me lança-t-elle dans un anglais exagérément enthousiaste.

C'était Sue Ellen de *Dallas*… La même coupe volumineuse des années quatre-vingt…

– Je termine avec Harry, poursuivit-elle et je suis à toi dans cinq minutes, honey !

Pourquoi les Américains s'adressaient-ils toujours à vous comme s'ils vous connaissaient depuis vingt ans ? Elle me parlait de ce Harry comme s'il était un pote. Et que venait faire là ce « honey » ?… Elle aussi me voulait, c'était clair.

– OK, répondis-je en souriant, amusé.

Elle désigna d'une main un fauteuil en cuir dans lequel elle m'invita à prendre place. Pendant qu'elle reprenait sa conversation avec Harry, j'observai autour de moi la déco au rouge dominant, les affiches de basket au mur et les bacs à shampooing style années cinquante. Elle termina avec Harry puis s'approcha de moi en me tendant un peignoir.

– À nous deux, s'exclama-t-elle enjouée. Moi, c'est Holly!

Je m'installai au bac et me présentai maladroitement.

– Hi, Holly! Euh… je m'appelle Sami.

– Sàààmi?

J'acquiesçai.

– OK, Sàààmi, alors, qu'est-ce qu'on fait aujourd'hui?

Je tentai tant bien que mal de lui décrire dans un anglais approximatif la coupe que je désirais.

– Euh, pas trop court mais un peu court quand même… oreilles, là, comme ça… lui expliquai-je avec force signes de la main.

– OK, en fait tu veux que ça fasse propre et moderne.

Que pouvait bien signifier « moderne » pour elle?… Harry venait de repartir avec une coupe raie sur le côté de père de famille. Propre, je risquais de repartir avec la même tête qu'en arrivant. Si j'insistais sur le côté moderne, je craignais de me retrouver avec le crâne rasé ou une crête.

– Non, pas trop moderne… La même chose qu'Harry mais un peu plus court et mieux.

Holly commença à couper tandis que j'observais avec attention ses mouvements dans le miroir.

– Toi, avec cet accent, me fit-elle remarquer avec un grand sourire, tu n'es pas d'ici!

– Non, je viens de France.

– De France? Oh, j'adooooore la France! Paris… So romantic! Et tu es à UConn pour l'année universitaire?

Paris… So romantic?… Hahaha! Elle ignorait d'où je venais… Assurément, elle ne connaissait pas la Colline du crack à Porte de la Chapelle.

– Oui, c'est ça !
– Et qu'est-ce que tu faisais de beau en France ?
– J'étudiais les langues à la fac et le commerce…
– Quelles langues ?
– Anglais, espagnol, italien…
– Waouh, it's amazing ! Tu parles tout ça ?
– Et un peu l'arabe et le kabyle aussi.
– Ah ! fit-elle, soudain plus réservée. Je ne connais pas ces langues.

Peut-être qu'elle se demandait si derrière ce visage estudiantin ne se cachait pas un islamiste venu infiltrer le campus de UConn et solliciter sa complicité capillairo-artistique.

– Tu aimes le sport ?
– Oui, je jouais au basket en France.
– Tu jouais au basket ? s'écria-t-elle soudain surexcitée. Mais tu sais que nous avons la meilleure équipe universitaire des États-Unis ici, les Huskies !
– Yes, j'ai vu la finale contre Georgia Tech en mars dernier, chez moi en France, c'était super ! acquiesçai-je.
– Vraiment ? C'était sensationnel qu'ils gagnent ! Et ici, sur le campus, c'était la folie ! Et tu jouais à quel niveau en France ?
– Niveau professionnel ! Et j'ai joué en équipe d'Algérie aussi.
– Nigeria ? Really ? You're African ?
– Non, Algérie ! Euh ?… Pas très loin ! Mes parents sont algériens. C'est plus haut.
– Hahaha ! Plus haut, très drôle !… Et pourquoi tu n'irais pas jouer avec eux dans l'équipe ? poursuivit-elle.

J'aurais tout aussi bien pu dire que j'étais acteur, elle m'aurait dit : « Mais pourquoi tu ne vas pas tourner avec Steven Spielberg ? »

Quand on discutait avec des Américains, tout avait toujours l'air simple et évident. « Tu sais faire ça, ou tu veux faire ça ? Mais vas-y, fonce, tu peux le faire, tu vas réussir si tu t'en donnes les moyens ! Just do it ! » En France, on avait plutôt tendance à dire : « Ah tu veux faire ça ?... Ça va être très très dur !... Tu n'as pas pensé à faire autre chose au cas où ça foire ? »

– Euh... fis-je mi-amusé mi-penaud. Je ne sais pas comment je pourrais faire, je n'ai pas de connexion.

– OK, ne bouge pas !

Sans même terminer ma coupe de cheveux, elle posa sa paire de ciseaux, passa derrière sa caisse et décrocha son téléphone.

– Bonjour Ted, c'est Holly du salon de coiffure Skora. J'ai ici un super basketteur français vraiment très bien qui a joué en professionnel en France. Je pense qu'il serait intéressant pour vous... Vous devriez le rencontrer, Ted !

Je l'observai, médusé par son aplomb, d'autant que j'ignorais à qui elle parlait de moi en des termes aussi élogieux et pas loin de penser qu'elle se prêtait à un canular téléphonique à la Jean-Yves Lafesse façon yankee. Elle raccrocha le combiné en souriant, se planta devant moi avec un air triomphant et m'annonça sur un ton proche de l'hystérie :

– Sàààmi... Tu as rendez-vous avec Ted Taigen, le responsable des étudiants athlètes dans vingt minutes, le temps de finir ta coupe ! Son bureau est à Gampel Pavilion.

Encore un peu et elle se mettait à sauter de joie devant moi.

– Euh... Comment ça ?

– Tu vas rencontrer le responsable des étudiants athlètes ! C'est un de mes clients ! Ted !

– Sérieux ? Ouah… fis-je incrédule. OK !

Je marquai une petite pause.

– Mais euh… je lui dis quoi ?

– Tu lui dis que tu es basketteur. Et si un jour, tu deviens un *hit*, je serai ton manager !

– Hahaha ! Mais je vais où ?

– À Gampel Pavilion, c'est le grand dôme qui se trouve en face des chambres universitaires.

– Oui, je vois, j'habite juste en face.

– Sàààmi, me dit-elle tandis que je me rhabillais, bonne chance !

– Merci !

Je pris congé un peu étonné, non sans avoir laissé à cette femme étonnante et pour le moins bienveillante un généreux pourboire. Avec quelle facilité Holly avait décroché son téléphone et obtenu en quelques minutes, pour l'inconnu que j'étais, un rendez-vous avec une personne influente de l'équipe des Huskies !

« Et si elle ne parlait à personne dans le combiné téléphonique, ça restera quand même une bonne blague car pour le moment, j'y crois… », me dis-je en regagnant ma chambre d'étudiant.

La scène était digne d'un film américain. En France, si j'avais dit « je n'ai pas de connexion », on aurait haussé les épaules, avec dans le meilleur des cas un désolé : « Ah ben, dans ce cas laisse tomber ! Si t'as pas de piston, c'est mort ! » Mais ici, les choses semblaient différentes, une sensation de « tout est possible… », le meilleur comme le pire.

Sur le chemin menant aux gratdorms, j'oscillais entre excitation, espoir fou et défaitisme, me posant mille questions…

Étrange, cette histoire de rendez-vous. Peut-être qu'elle était juste en train de se foutre de ma gueule, cette coiffeuse ! Mais si c'était vrai... Si c'était enfin ma chance ! C'était quand même dingue, j'allais me faire couper les cheveux et une nana que je n'avais jamais vue de ma vie m'obtenait un rendez-vous avec le responsable des étudiants athlètes ! Non, c'était vraiment trop louche, il y avait anguille sous roche... Ce genre d'aventure, ça n'arrivait que dans les films américains. Avec tous les coups du sort que j'avais subis en France dans le basket, toujours la même histoire, des essais, j'y mettais tous mes espoirs, puis rien... Comment y croire ? Quelque chose était toujours venu se mettre en travers de ma route.

De fait, avec le temps et les déceptions, j'avais développé un certain pessimisme, ou plutôt un scepticisme qui tranchait radicalement avec mon caractère naturellement enjoué. Je ne m'emballais plus comme auparavant et cela m'évitait d'être déçu. En grand superstitieux que j'étais, j'attendais, avant de me réjouir, d'être sûr que ce qui m'était donné ne pouvait plus m'être repris. Depuis mon arrivée aux States cependant, quelque chose en moi avait changé, comme si être loin et seul dans un pays où tout était possible m'avait donné une nouvelle force, celle d'y croire... Je commençais à voir des signes mystiques là où il n'y en avait peut-être pas.

Comme la rencontre avec cette Holly. Étrange d'être tombé sur une femme qui portait le nom de « sainte » ! Holly, la Sainte, the *Holy Bible*, peut-être était-ce Dieu qui m'envoyait un signe. Ainsi donc Dieu serait généreux aux USA et m'aurait laissé en galère en France ?... Dieu serait-il anti-Français ? Dieu était-il laïc en

France au point de ne calculer ses ouailles que dans des pays où la religion est prégnante ?

Ma chambre se trouvait juste en face de Gampel Pavilion, là où l'équipe s'entraînait quotidiennement. Cela ne pouvait pas être un hasard non plus…

Je n'eus pas à y penser trop longtemps car c'était déjà l'heure de mon rendez-vous avec Ted Taigen.

Gampel Pavilion est un bâtiment immense de seize mille mètres carrés en forme de dôme, véritable temple dédié au sport. Ne parvenant pas à trouver l'entrée principale, j'avais dû faire le tour du stade, ce qui m'avait pris vingt bonnes minutes. Quand enfin je trouvai l'entrée qui donnait directement sur le terrain de basket, un espace gigantesque, plus grand que l'Accor Arena, celui-ci était vide. En levant les yeux au ciel, on pouvait voir toutes les distinctions dédiées aux équipes de basket des UConn Huskies, hommes et femmes réunis, des dizaines de drapeaux relatant leurs nombreux titres de champions dans les différents tournois et compétitions universitaires du pays… Un lieu tellement chargé d'émotion, pas âme qui vive et une atmosphère de musée sportif où l'Histoire s'écrit au rythme des heures d'entraînement.

J'aperçus enfin une petite femme de ménage qui m'indiqua où se trouvaient les bureaux du basket. Je refis le tour du stade et découvris une porte située très précisément à cinquante mètres de ma chambre. Plus près aurait été impossible. Je poussai la porte dérobée de Gampel, sorte d'« entrée des artistes », descendis les escaliers et m'arrêtai net devant un mur tapissé de photos des plus grands joueurs NBA formés à UConn, des posters immenses de Rip Hamilton, Cliff Robinson, Donyell Marshall, Ray Allen, Ben Gordon, Emeka Okafor, Caron Butler, Travis Knight, Doron Sheffer, Khalid El-Amin… Et aussi celles d'anciennes légendes de la balle orange telles Toby Kimball, Wes Bialosuknia, Corny Thompson, Tony Hanson… Des stars des années soixante, une époque où je n'étais même pas un projet de projet…

Je continuai dans un long couloir orné d'autres photos des exploits des équipes masculines et féminines car UConn avait cette particularité de faire d'excellents résultats chez les hommes mais aussi chez les femmes grâce à leur mythique Coach Geno Auriemma. Au bout de ce long couloir, je parvins au bureau d'accueil.

– Bonjour, puis-je vous aider ? me demanda l'hôtesse.

– Oui, bonjour, j'ai rendez-vous avec Ted Taigen.

– Son bureau est sur la droite, troisième porte au bout de ce couloir, répondit-elle avec entrain.

– Merci !

J'avançai le cœur battant jusqu'à la porte désignée par l'hôtesse. Je m'arrêtai devant, inspirai profondément et frappai trois coups avant de m'avancer.

– Entrez !

– Bonjour, fis-je en entrant.

L'homme qui se tenait derrière son bureau leva distraitement la tête de son écran. Vêtu d'une chemise à carreaux et d'une cravate, les tempes grisonnantes, il portait une barbe grise soigneusement taillée et des lunettes épaisses.

– Oui, c'est pourquoi ? fit-il sans relever la tête.

Il n'avait pas l'air de m'attendre…

– Bonjour, je suis le basketteur français, dis-je d'un ton assuré.

L'homme au regard azur, qui devait avoir la cinquantaine, me toisa incrédule. J'aurais tout aussi bien pu lui annoncer : « Bonjour, je suis le messie !… Bonjour papa, je suis ton fils caché !… Hey connard, c'est un hold-up, donne-moi tout ce que tu as sur toi et ne fais pas le malin !… », il m'aurait lancé le même regard perplexe.

Pendant ce qui me parut durer une éternité, il me toisa et fixa mes genoux avec insistance, puis remonta lentement jusqu'à mon visage, comme si j'étais un extraterrestre.

Holly y était peut-être allée un peu fort en me décrivant comme un grand basketteur français. Ted Taigen devait s'attendre à un grand colosse de 2 m 10 avec un béret et une baguette sous le bras, et il découvrait un petit maçon portugais d'un mètre cube qui, a priori, dissimulait à merveille ses outils de chantier… C'était évident vu la façon dédaigneuse qu'il avait de m'observer depuis mon irruption dans son fief.

– OK, s'exclama-t-il, une fois remis de sa surprise, mais… euh… Toi, tu joues au basket ? Tu as joué où ?

– J'ai joué en France et en Algérie.

– France and Nigeria ?

– Non, en Algérie !

– OK, peu importe. Tu connais l'équipe des Huskies ?

– Oui, un peu, mais pas plus que ça.

– Tu les as déjà vus jouer à la TV ? renchérit-il.

– Oui, à la télé. Je les ai vus en finale contre Georgia Tech !

Ted Taigen me regardait de haut, à la fois intrigué et amusé.

– Donc, tu as vu les Huskies à la télé, en France. C'est bien. Et qu'est ce que tu veux alors ?
– Ben, je ne sais pas… Vous pensez que je pourrais éventuellement faire un entraînement avec eux ?
– Hahaha ! S'entraîner avec les Huskies du Connecticut, avec les champions en titre ? Mais tu sais que ce sont les meilleurs joueurs des États-Unis d'Amérique ? Tu les as déjà vus s'entraîner ?
– Euh… Jouer, oui, mais s'entraîner, non… Et vous ? Vous les avez vus s'entraîner ?
– Hahaha ! Il se fout de moi, le Français… Bon, OK, les Huskies sont des prospects NBA… alors voilà ce qu'on va faire : va les voir s'entraîner et tu reviens me voir, tu seras gentil. Mais là, j'ai du boulot, bonhomme.
– D'accord… Mais ils s'entraînent quand ?
– Ah ça, je ne sais pas, je ne suis pas au courant de leur planning !

Pour un responsable des étudiants athlètes, il se fichait clairement de moi. Puisqu'il était si récalcitrant à m'aider, je n'insistai pas, le remerciai et quittai son lieu d'impertinence en marmonnant.

Ça lui coûtait quoi, à ce type, de me répondre ? Pas grave, mieux valait s'adresser à Dieu qu'à ses saints, j'irais voir ailleurs. D'un pas décidé, je me rendis directement au bureau du basket afin de tenter de parler à un coach ou à un assistant, peut-être plus enclins à me renseigner. L'hôtesse du bureau du basket, qui terminait une conversation téléphonique, m'invita d'un geste de la main à patienter. Au même moment, un homme d'une soixantaine d'années au cheveu grisonnant, à l'allure fière et à la démarche de cowboy, entra dans le bureau d'accueil. Avec son physique à la John Wayne, cet homme qui faisait facilement une tête de plus que moi avait du charisme à revendre. Ce devait être un personnage influent à UConn car il me semblait l'avoir déjà vu. Il avait l'air d'être le boss du secteur, un homme pressé. Nos yeux se croisèrent et nous nous dévisageâmes quelques instants.

– Hello, Sir !

– C'est toi le basketteur français ? me demanda-t-il soudain.

– Euh… ouais, répondis-je surpris.

– Tu as déjà joué avec Tony Parker ?

– Non, je n'ai pas joué avec Tony Parker mais en France, j'ai joué contre lui, quand il était à l'INSEP.

– INSEP ? OK, viens dans mon bureau !

Au moment où je franchis le seuil de son bureau, ça me revint à l'esprit… Je l'avais vu lors de la Presentation Night. Je compris à ce moment-là qu'il me parlait de Tony Parker parce que ce dernier, en gagnant les titres NBA avec les San Antonio Spurs, était devenu la référence du basket européen, française de surcroît.

Dans son immense bureau, une des distinctions attira mon attention : « Coach of the year dedicated to Jim Calhoun. » J'eus un flash et repensai à ce que m'avait dit une voyante consultée quelques mois plus tôt dans un moment de profonde déprime : « C'est qui, Jim… ? »

Wouahou ! J'étais sous le choc… Jim Calhoun…

Ainsi, j'avais affaire au grand Jim Calhoun, le coach des Huskies, un personnage que j'avais déjà vu à la télé pendant un match de retransmission du championnat universitaire. Partout des photos de lui en compagnie des plus grands joueurs de la NBA : Magic Johnson, Michael Jordan, Shaquille O'Neal. Une photo avec Bill Clinton à la Maison-Blanche témoignait de sa position, il avait été reçu en personne par les présidents les plus puissants de la planète. Tandis que Jim Calhoun m'observait, j'étais bouche bée, mon regard balayant les dizaines de trophées, les dizaines de souvenirs de l'histoire du basket américain disposés un peu partout, plus impressionnants les uns que les autres. Dans ce temple du basket, mes yeux brillaient comme ceux d'un enfant.

– Assieds-toi ! s'exclama-t-il.

Il marqua une pause.

– Notre meneur A.J. Price est blessé et ne reviendra pas de toute la saison, c'est le meilleur meneur recrue des États-Unis. Il a une tumeur au cerveau mais, grâce à Dieu, c'est bénin. On lui cherche un remplaçant pour cette année, on va te mettre à l'essai.

Mes oreilles bourdonnaient et mon cœur battait à tout rompre tant la scène que je vivais était pour moi surréaliste et inimaginable quelques minutes auparavant.

– On te prend à l'essai pendant une semaine, poursuivit-il. Si c'est bon, tu restes avec nous. Si ce n'est pas bon, bye bye !

Je l'observai, en état de choc. Une semaine d'essai ? Même une minute était un miracle ! Le plus grand coach des USA me proposait de faire un essai avec l'équipe championne en titre du championnat NCAA, le championnat dans lequel je rêvais de jouer depuis que j'avais commencé le basket sur les playgrounds de Saint-Denis ? Non, il se foutait de ma gueule… ou alors c'était une caméra cachée…

Suspicieux, je questionnai :

– Mais, euh, comment savez-vous que je suis le basketteur français ?

Il ne pouvait pas avoir deviné ça à ma démarche, avec mes genoux au ras des pâquerettes.

– Je sors du salon de coiffure, c'est Holly qui m'a parlé de toi.

Jim Calhoun décrocha son téléphone et me remit entre les mains de son assistant, Patrick Sellers.

– Patrick, voici un basketteur français. On le met à l'essai demain, on va voir ce que ça donne… Good luck, Henri !

Dès le début, Jim Calhoun me surnomma Henri parce qu'il considérait ce prénom comme typiquement français. Je ne sus jamais s'il faisait référence à Henri IV ou à quelque autre personnage de l'Histoire mais c'est ainsi que je fus rebaptisé et je m'en accommodais aisément.

Ne réalisant toujours pas ce qui m'arrivait et pensant à un gag, je me levai tel un automate, incapable d'articuler le moindre mot de remerciement. Encore sous le choc, je me mis à faire bêtement une série de courbettes, mélange de salut de judo mâtiné de mimiques à la Louis de Funès. À cet instant, je ne parlais plus anglais, ni même français, mon corps était présent mais mon esprit bataillait avec un nombre invraisemblable d'émotions contradictoires. Je pris congé en balbutiant un « Thank you, Coach Jim Calhoun ! » à peine audible et me confondis en révérences involontaires qui semblèrent l'amuser.

– Hahaha ! Coach Jim Calhoun… Appelle-moi Coach Calhoun, ça suffira !

– Henri, je suis Patrick Sellers, le directeur des *Basketball Operations*, m'annonça le grand black élégant qui venait d'arriver à ma hauteur.

Avec son costume parfaitement coupé et son sourire franc, il était à la fois classe et sympathique. Patrick Sellers était le frère de Brad Sellers, le mythique pivot des Chicago Bulls, plus connu pour ses félicitations à l'adresse de Michael Jordan sur chaque *buzzer beater*, tir victorieux à la dernière seconde, que pour ses exploits sur le terrain malgré sa jolie carrière internationale.

Une fois dans son bureau, son regard se durcit et, sans se départir de son sourire enjôleur, il mit les choses au clair :

– Man, tu vas vraiment passer une année de folie si tu es pris dans l'équipe. Pour avoir joué en Europe en pro, je peux te dire qu'ici, le basket dépasse tout ce que tu peux imaginer, c'est un truc de fou ici, mec ! Par contre, il y a une hiérarchie à respecter. Personne ne va voir Coach Calhoun comme ça directement ! JAMAIS ! Si tu as une question ou besoin d'un renseignement, il faut demander à un assistant. Je suis là pour ça. Moi, je suis en charge de l'équipe et de toute la coordination interne et externe. C'est moi qui gère tous les entraînements de l'équipe et tous les déplacements pendant la saison. L'entraînement a lieu ici à Gampel tous les jours de 14 h à 17 h. Ça dure trois heures, ensuite vous avez une séance de musculation d'une demi-heure à une heure, toute l'équipe petit-déjeune, déjeune et dîne ensemble au self de Gampel. Nous sommes une équipe mais surtout une famille.

Avant de me signifier qu'il m'avait dit tout ce que j'avais à savoir, Patrick Sellers s'enquit soudain :

– As-tu une tenue de basket ?

– Oui, oui, j'ai tout ce qu'il faut.

– Parfait, alors à demain 13 h pour le premier entraînement de l'année !

– Merci, Patrick !

– Non, moi, c'est Coach Sellers !

– OK, Coach Sellers !

Je le remerciai chaleureusement et tournai les talons.

Le soir même, allongé dans mon lit, je me repassai en boucle les événements de cette journée de dingue. Tout s'était enchaîné de manière absolument incroyable. D'abord ce déjeuner avec mes compatriotes qui se moquaient de moi ouvertement et avaient fini de manière un peu méprisante par m'envoyer vers cette coiffeuse, Holly, la sainte qui m'avait obtenu un rendez-vous tout aussi incroyable avec Ted Taigen. Puis ce hasard extraordinaire : je venais à peine de quitter le salon de coiffure que Jim Calhoun en poussait la porte à son tour. Holly, de nouveau, qui lui parlait de moi. La rencontre inopinée avec Jim Calhoun au bureau du basket, et enfin cette formidable opportunité d'une place dans l'équipe en tant que meneur de jeu des Huskies du Connecticut dans le meilleur championnat de basketball du monde.

– C'est qui, Jim ? m'avait demandé Wafa, la voyante. Tu connais un Jim ou un John ?

Je ne croyais pas en ce genre de choses et je m'étais senti con le jour où, avide de changements, je cédai enfin à ma sœur qui avait tellement insisté : « Cette fille est impressionnante ! Elle voit des choses ! », et décidai de constater par moi-même. Il s'avérait que le coach de l'équipe des Huskies aperçu à la Presentation Night, un Dieu vivant à en croire ce que tout le monde disait de lui, s'appelait Jim, Jim Calhoun.

Combien y avait-il de chances pour que les Huskies recherchent à ce moment précis un meneur arrière ? Si ce n'était pas le destin, ça en avait tout l'air. S'ils me prenaient dans cette équipe, je pourrais enfin effacer de mon esprit toutes mes années de galère sportive en France et avec l'équipe d'Algérie. Je voyais là une occasion inespérée de relancer considérablement ma carrière, la chance de ma vie en somme. Je n'étais pas loin de penser que Dieu aimait finalement plus les expatriés que les impatriés.

Je me tournais et me retournais dans mon lit, incapable de trouver le sommeil. L'entraînement du lendemain était décisif, Jim Calhoun me donnait une opportunité incroyable de relever la tête dans ce sport, ma passion, ma vie depuis l'âge de onze ans... Est-ce que ce Calhoun n'était pas l'homme providentiel, le coach qui crée l'opportunité et dont rêve chaque sportif, celui que je cherchais désespérément, comme le Cus d'Amato de Mike Tyson, le Mickey de Rocky, mais comme aucun coach auparavant avec moi ?

Je repensai à toutes les humiliations subies au basket, et Dieu sait s'il y en eut, pour me booster, avoir la rage de briller à cet entraînement du lendemain si important pour moi. Je me remémorai un de mes coachs à Levallois, un Croate débarquant de Split. Il prenait un plaisir sadique à composer l'équipe pour le match du samedi en me faisant croire systématiquement qu'il allait me sélectionner. La veille du match, il énumérait les noms des dix joueurs de l'équipe et, arrivé au dixième, il me fixait dans les yeux en prononçant le son « sssss », et quand je pensais qu'il annoncerait « Sami », il me pointait de son doigt qu'il détournait subitement vers un autre joueur dont le nom commençait aussi par un « s » : « et Sssssss..... SSSSteeeeeve !!! » Il répéta ce simulacre plusieurs fois au cours de l'année sous le regard hilare des autres joueurs de l'équipe et du staff.

Ou cet autre « coach-éducateur sportif » à Bondy, qui m'avait fait lorgner sur un contrat pro, et qui avait attendu volontairement la date de fin des mutations sportives pour me bloquer au moment du règlement des transferts, m'obligeant à jouer gratuitement une saison sous ses ordres sous peine de faire une saison blanche. Ou celui qui, profitant d'une période où j'étais affaibli psychologiquement, m'avait obligé à signer ma démission sur mon premier contrat professionnel de cinq ans sans indemnités, ni solde de tout compte, rien !

Et cet autre encore qui m'avait injustement accusé d'avoir volé un portefeuille pour simplement m'écarter de l'équipe régionale d'Île-de-France à l'âge de quinze ans. Ou celui qui, sous prétexte que la FIBA Afrique n'avait pas validé mon statut, m'avait écarté de la sélection algérienne au profit d'un joueur boîteux qui était son ami et qui m'avait ouvertement demandé de faire un geste « commercial » si je voulais rester dans l'équipe. Autant de situations, autant de déceptions…

Je priai comme jamais pour assurer cet essai et, l'épuisement finissant par avoir raison de moi, parvins à dormir quelques heures. J'aurais pu appeler ma famille, mon meilleur ami, et partager avec eux la joie de cette incroyable journée, mais trop superstitieux et refroidi par les retournements de situation inopinés, me résolus à garder jalousement cette histoire pour moi.

La matinée passa très vite. Les quelques cours auxquels j'assistai ne me laissèrent aucun souvenir tant j'étais absorbé par mes essais de l'après-midi, me demandant encore si je n'avais pas rêvé les événements de la veille. À 11 h, je dus assurer mon cours de français mais, incapable de préparer quoi que ce soit, j'improvisai une leçon sur les monuments de Paris. Moi qui n'étais allé à la Tour Eiffel qu'enfant et qui n'avais mis les pieds au musée du Louvre qu'avec l'école en classe de sixième, je me lançai sur un sujet pour le moins périlleux. Pour autant, j'avais constaté que la plupart de mes étudiants n'étaient jamais sortis des États-Unis et considéraient l'Europe comme une partie du Tiers Monde. Je pris donc l'initiative de les faire voyager dans notre belle capitale par l'intermédiaire d'une cassette VHS sur les monuments de Paris.

Je m'étais rendu compte qu'autant en France nous étions très américanisés et suivions l'actualité politique et économique des États-Unis, autant l'Américain moyen n'avait aucune considération pour notre minuscule et insignifiant pays et n'en connaissait finalement pas grand-chose.

– Aujourd'hui, nous allons parler des monuments de Paris. Est-ce que vous en connaissez ?

Pas de réaction.

– OK, alors vous avez la Tour Eiffel, le Sacré-Cœur, Notre-Dame, le Louvre, le musée d'Orsay, le Panthéon… La Tour Eiffel se trouve au centre de Paris, c'est un énorme monument en fer construit par Gustave Eiffel pour l'Exposition universelle… Le Sacré-Cœur et Notre-Dame sont deux grandes églises, euh enfin cathédrales, euh… typiques de Paris. Le Louvre et le musée d'Orsay sont deux musées qui regroupent des œuvres fantastiques comme la célèbre Joconde. Vous connaissez la Joconde, je suppose ? L'œuvre de Léonard de Vinci. Et puis il y a le sublime Panthéon… On y a enterré les grands hommes et femmes de la nation française.

– Ah oui, lesquels ? demanda Peter.

Oui, tiens, d'ailleurs, qui avait-on bien pu enterrer au Panthéon ?…

– Oh, des grands hommes de Lettres, des intellectuels… fis-je évasif. Mais cela fera l'objet d'un autre cours, ne vous inquiétez pas !

J'avais tout à fait conscience de dire n'importe quoi. Sharon me regardait d'un air dubitatif mais je ne me laissai pas impressionner et poursuivis. Je fis signe aux onze étudiants de s'approcher de mon bureau :

– Malheureusement, je n'ai pas de carte de Paris avec moi mais j'ai un plan de métro sur lequel je vais vous montrer les monuments. À la station Orsay, dans le centre de Paris, au bord de la Seine, vous avez le musée d'Orsay, et de l'autre côté, sur l'autre rive, vous avez le musée du Louvre.

– Lequel se trouve sur la rive droite ? demanda soudain Sharon.

Mais pourquoi avait-elle toujours besoin de poser des questions qui ne servaient à rien ? Je n'en avais aucune idée. Je n'avais jamais su les situer.

– Et la Conciergerie, la Sainte-Chapelle, les Invalides, l'Arc de Triomphe, vous n'en parlez pas ? fit remarquer Susan.

J'avais oublié qu'elle avait passé un an en France, celle-là, elle me l'avait dit le premier jour.

– Si, si, bien sûr, je les réservais pour la deuxième partie du cours ! Mais puisque tu connais tout ça, Susan, j'aimerais que tu nous parles un peu de ce que tu as retenu de chaque site.

Cette petite pirouette me permit de me sortir provisoirement de cette impasse, mais j'avais tout intérêt à préparer mon prochain cours sous peine de passer définitivement pour un incapable escroc.

Flattée, Susan ne se fit pas prier pour se lancer dans un mono logue soporifique sur les différents monuments tandis que, l'esprit libéré de mon cours, je pus me projeter sur les essais de l'après-midi et sentir le stress monter d'un cran.

De retour dans ma chambre après un déjeuner frugal mais énergétique, je pris un sac en plastique pour y mettre une serviette et une bouteille d'eau, et me rendis directement à Gampel Pavilion pour le premier entraînement de l'année, le cœur battant la chamade. À l'accueil, l'hôtesse m'indiqua les vestiaires quand un assistant arriva à ma hauteur.

– Tu es Sami ?

– Oui.

– Salut, je suis Ben, le manager de l'équipe. Coach Sellers m'a dit de t'accompagner aux vestiaires. Suis-moi !

Ben me mena jusque devant la porte des vestiaires, il composa le code secret qui permet au seul staff de pénétrer dans la « chambre » des sportifs, et se retira pour me céder la place. Je me préparai psychologiquement une dernière fois : ne pas me laisser impressionner, tout ce qui allait se jouer à partir de ce moment-là ne dépendait que de moi ! Tout était entre mes mains.

Je pris une grande inspiration et pénétrai dans le sanctuaire.

– Hello ! lançai-je à l'assistance.

Les joueurs qui se changeaient en discutant les uns avec les autres ne prêtèrent absolument aucune attention à moi… Habitués à être idolâtrés et traités comme des stars, ils n'avaient généralement aucune considération pour le petit personnel et les gens lambda. J'observai, émerveillé, les vestiaires immenses et flambant neufs. Chaque joueur avait son propre casier avec son nom, sa photo, le nom de sa ville d'origine et sa tenue de l'équipe. Je n'en avais encore jamais vu de semblables.

Ici, Ed Nelson !… Là, Josh Boone !… Là-bas, Charlie Villanueva ! Surtout ne pas faire la groupie, je devais absolument me comporter comme si de rien n'était.

Dire que quelques mois plus tôt, depuis mon canapé de Saint-Denis, dans mon 93 natal, je suivais leurs exploits à la télé. « Magnifique passe intérieure de Nelson à Boone, Boone qui tire. Ehhhhh… Anderson qui shoote à 3 points ! Magnifique !!! Les Huskies mènent 79 à 73… À deux minutes de la fin, l'équipe de Georgia est en train de voir la victoire lui filer entre les mains. »

– Bon, change, ça me saoule ton match de basket, là…

– Mais t'es folle, c'est la finale NCAA, ces mecs, c'est des bêtes, c'est le meilleur basket au monde !

– Super, tu m'en vois ravie…
– Ma chérie, tu peux pas comprendre. Ce niveau-là, c'est mon rêve ! Les types, c'est des virtuoses de la balle !
– Ouais, des virtuoses qui soupçonnent même pas ton existence alors que t'es en admiration devant eux comme un gamin. Bon allez, je vais me coucher… Salut !

Ce soir-là, les Huskies remportèrent la finale NCAA 2004. L'équipe explosa de joie lorsque le buzzer de la fin retentit. Les journalistes se précipitèrent sur Jim Calhoun, leur coach, et la caméra balaya les visages heureux de Josh Boone, Charlie Villanueva, Rashad Anderson, Ben Gordon, Emeka Okafor et des autres qui venaient de remporter la finale NCAA devant quatre-vingt mille personnes. Le match était retransmis sur les écrans du monde entier. J'éteignis la télé et me couchai rêveur. Le lendemain, notre équipe de Poissy affrontait l'équipe d'Orléans au stade Léo Lagrange, quatre-vingt-dix personnes dans les tribunes, la rencontre passée à cirer le banc et, cerise sur le ghetto, une bagarre générale à la fin du match perdu. Loose is my life !

Déjà en tenue, je n'avais en réalité rien à faire dans ce vestiaire, j'avais suivi Ben sans broncher. Sans casier, les joueurs ne m'adressant pas la parole, je m'assis à même le sol dans un coin de la salle et entrepris de m'échauffer en reprenant quelques-uns des exercices que j'avais l'habitude de faire en début d'entraînement. Je décontractai mes épaules, relâchai ma nuque et étirai mes ischios puis mes quadriceps tout en respirant profondément. Petit à petit, le silence se fit et des regards railleurs se posèrent sur moi.

– Il est chelou, ce mec, crus-je comprendre.

– C'est qui, ce Mexicain clandé, là ? Regardez comment il est habillé, lança Villanueva d'un ton moqueur.

– Eh mais c'est un ouf, le mec, il arrive comme ça et il se met à faire des exercices dans notre vestiaire, normal ! C'est qui, ce *mother fucker* ?

– Ça doit être un nouveau.

– Il s'est cru chez lui ? Eh mec, y'a un playground dehors pour les amateurs !

– Eh, demande-lui s'il peut pas aller nous chercher de l'eau, ce chicanos, au lieu de faire sa gymnaste, là !

– Va nous chercher du Gatorade !

– Il est venu avec Ben, ça doit être un manager.

Je ne comprenais pas tout ce qui se disait en argot, mais manifestement les types me taillaient un beau costard. Vu de l'extérieur, il y avait de quoi car la situation était plutôt cocasse : un type étrange qu'ils n'avaient jamais vu, sapé comme un joueur des années quatre-vingt, tout petit — je faisais clairement deux têtes de moins qu'eux —, était assis par terre, au milieu du vestiaire, et faisait des étirements. Normal !

Je me sentais vraiment seul au monde. Je dus prendre sur moi pour rester impassible.

– Hey, t'es qui, toi ? lança Boone.

– Je viens pour l'entraînement de basket, répondis-je avec un accent à couper au couteau.

Tous éclatèrent de rire.

– Ah bon ? « L'entraînement de basket »... ? On pensait que tu venais nous faire des grillades, connard !

– Mais il sort d'où celui-là avec cet accent chelou ?

Patrick Sellers vint interrompre ce florilège de gentillesses et de rires sadiques.

– Bon, les gars, c'est l'heure, on y va !

Le brouhaha reprit avec vivacité lorsque le regard de Sellers s'arrêta sur moi :

– C'est comme ça que vous vous habillez en France pour jouer au basket ? fit-il, moqueur.

Je scrutai mes vêtements.

Comparé aux autres joueurs, j'avais vraiment l'air pouilleux… Les mecs portaient tous une tenue Huskies impeccable et très pro — short, baskets et débardeur blanc immaculé ; autant le dire franchement, ils avaient la classe. Ils étaient l'élite du basket universitaire. Mon short moulant bleu marine troué virait au bleu délavé et n'allait pas du tout avec mon ridicule tee-shirt beige « I love Italy ». Mes baskets, des Reebok basses, blanches à l'origine, tendaient à présent vers le gris et de vieilles traces de boue les lacéraient de traînées jaunes. Dans ce vestiaire, au milieu des autres gars, je ressemblais plus à un réfugié de l'Est qu'à un possible meneur de la prestigieuse équipe des Huskies. J'aurais pu expliquer à Patrick Sellers que côté look j'avais toujours été à côté de la plaque, mais ce n'était peut-être pas le bon moment pour ce genre de confidences.

– Bon, on s'occupera de ça plus tard… conclut-il, affligé. Les gars, vous êtes prêts pour le premier entraînement de l'année ?

– Yes, Coach !!! crièrent-ils à l'unisson tel un régiment d'infanterie.

Puis entonnant *UConn, Huskies*, ils partirent en petite foulée en direction du terrain. Je les imitai bêtement, ignorant si je devais copier leurs faits et gestes ou au contraire rester en marge du groupe.

Une fois sur le terrain, je fus pris d'un véritable vertige en regardant autour de moi.

L'infrastructure était gigantesque. De toute ma vie, je n'avais jamais mis le pied sur un terrain aussi impressionnant. Les gradins, circulaires et à perte de vue, pouvaient accueillir jusqu'à vingt mille spectateurs. Le parquet aux couleurs des Huskies, bleu marine et blanc, brillait de propreté. Au centre du terrain apparaissait le logo de UConn, une tête de chien-loup blanche au contour bleu nuit. De chaque coté du terrain, l'inscription « Connecticut » figurait sur une bande bleue. En levant la tête, j'aperçus des dizaines de projecteurs high-tech disposés le long du plafond ainsi qu'un écran géant qui permettait une retransmission en gros plan les jours de match. À chaque extrémité du terrain, une armada d'assistants coachs et de managers était présente pour dispenser aux joueurs de précieux conseils dans le but d'améliorer leur jeu, veiller à leur bien-être et leur distribuer qui une bouteille d'eau ou de soda, qui une serviette, qui un ballon... Pour n'importe quel basketteur, cet endroit était un véritable eldorado. Le rêve !

Les gars commencèrent à s'échauffer sur le terrain en mettant des paniers, je les imitai sans vraiment me mêler à eux, m'échauffant tranquillement dans mon coin. De temps à autre, je surprenais à la dérobée leurs regards intrigués qui semblaient dire : « Il est bizarre, lui ! C'est qui ? Qu'est-ce qu'il fout là ? Soit il est bon, soit c'est le neveu d'un coach ! » Soudain, ils stoppèrent net leur entraînement : Coach Calhoun venait d'entrer dans la salle de Gampel et il se dirigeait vers le terrain. Un silence de mort s'ensuivit, troublé seulement par le rebond de quelques balles. Calhoun s'avança encore tandis que Jason criait : « L'entraîneur est là ! Coach is here ! ». Tous se mirent à applaudir l'arrivée de Calhoun. Planté là, je les observais, hébété. Wouahou, ici donc on applaudit son coach quand il entre sur le terrain. Peut-être une coutume américaine... En France, dans certaines équipes, on l'attend à la sortie pour l'embrouiller. Je me mis à applaudir aussi. Je m'approchai d'un joueur, Jason, pour lui poser la question :

– Vous applaudissez l'entraîneur ici ?
– Mec, on n'applaudit pas l'entraîneur. On accueille un des meilleurs coachs de l'histoire du basketball, Jim Calhoun. Tu ferais bien de te renseigner sur son histoire. Là, il revient d'un douloureux cancer. C'est un vrai bonhomme. Applaudis, mec !

Et je me mis à l'applaudir. Avec encore plus d'admiration qu'auparavant. Un mimétisme qui n'allait plus me quitter…

Une fois au centre du terrain, les applaudissements cessèrent et Calhoun prit la parole, entouré de ses assistants, son cercle fidèle.
– Les gars, premier entraînement de l'année, bienvenue dans le programme de basket de l'Université du Connecticut, UConn ! L'année dernière a été une année sensationnelle comme vous le savez. Nous avons fait de grandes choses, le monde est au courant. Ce n'est pas parce que nous avons été les champions NCAA l'an dernier que la victoire est acquise pour cette année. Vous connaissez les clés pour réussir : travailler dur, être déterminé, avoir l'esprit d'équipe et tout donner dans l'effort. Et ça commence maintenant ! L'année va passer très très vite. Soyez concentrés. Aujourd'hui, l'entraînement va durer quatre heures, peut-être cinq…

Quoi ? Sellers avait dit trois heures !… Ça y est, mon côté franco-râleur ressortait.
– N'oubliez pas : donnez le meilleur de vous-mêmes ! À chaque instant. Croyez en vous ! Croyez en cette équipe ! Tout commence dès l'entraînement. Jason, tu prends en main l'échauffement !

Jason Baisch, un grand brun costaud qui devait bien mesurer deux mètres et peser 120 kg, s'adressa au groupe :
– OK, les gars, nous sommes les Huskies de UConn ! C'est parti ! Travaillons dur pour progresser !

Les joueurs se mirent à courir tout autour du terrain, je les imitai, puis ils se positionnèrent au centre et commencèrent à exécuter différents mouvements d'échauffement collectif. Je ne les quittai pas des yeux et effectuai les mêmes gestes grâce à une observation méticuleuse. L'entraînement, très structuré, passait en revue différents types d'exercices et nous entrâmes dans le vif du sujet avec des contre-attaques sans opposition. Ne saisissant pas immédiatement les instructions de Jason en anglais et n'étant pas en mesure d'anticiper les gestes de mes coéquipiers, j'abordai ce premier entraînement avec toujours un train de retard, le temps qu'il me fallait pour comprendre l'exercice. Aussi, je passai pour chaque exercice un petit moment de côté, à la fois ému d'être là, impressionné par la puissance et la rapidité de jeu, et largué par cette langue américaine que je peinais à saisir.

Le *kriss-kross* se muant en 3 contre 2, je parvins enfin à devenir acteur de mon jeu, je commençai à sortir de cette torpeur de fan invité de dernière minute et montrai quelques habiletés. Je surpris le regard étonné de certains joueurs et cela me redonna confiance. Je rentrai totalement dans l'entraînement au moment où nous abordâmes les 3 contre 3 tout terrain. Après quelques passes décisives, j'eus l'occasion de marquer un premier panier qui m'étonna moi-même. Face à ces monstres du basket américain, bien que sapé comme un cancrelat, je parvins finalement à faire preuve de quelques phases de rapidité et à en dépasser certains en 1 contre 1. L'entraînement embraya sur des 4 contre 4, des 5 contre 5 où je pus montrer quelques aptitudes de jeu que ces Américains ne soupçonnaient pas chez un Européen. À chaque montée de balle du meneur adverse, je pressais tout le terrain, n'hésitant pas à imposer un rythme défensif à mes coéquipiers et je vis rapidement que cette attitude plaisait aux coachs comme aux assistants. J'entendais des « Very good attitude ! », « Good D, boy ! », « Keep on like this ! »… bref, des choses positives, et je sentais que je gagnais des points. J'effectuai un excellent premier entraînement et ne ressentis aucune fatigue durant ces quatre heures alors que d'autres joueurs sollicitaient une pause aux différents entraîneurs. Nous nous croyions au bout de nos peines quand Calhoun décida de nous faire changer d'exercice et fit signe à son premier assistant, George Blaney, un ancien joueur des légendaires New York Knicks :

– OK, comme nous avons un Français avec nous aujourd'hui, on leur fait le test Luc Léger. On va voir qui a des *balls* ! lança Calhoun avec un sourire narquois.

Il s'agissait d'un test d'endurance et de résistance qui consistait à courir de plus en plus vite d'un bout à l'autre du terrain. À chaque bip sonore émis, le joueur devait toucher la ligne et donc se trouver à un bout du terrain, tout joueur trop en retard était éliminé d'office. Au fur et à mesure que durait le test, les bips étaient plus fréquents et les joueurs devaient aller de plus en plus vite. Nous commençâmes le test tous alignés. Petit à petit, le jeu écréma naturellement, certains joueurs s'arrêtant d'épuisement ou parce qu'ils ne parvenaient plus à reprendre leur souffle. Calhoun prenait un malin plaisir à railler tout joueur qui abandonnait et y allait de ses commentaires :

– Bon, je vois qui tient la route dans cette équipe et qui sont les chiffes molles. Je sais sur qui je peux compter maintenant et qui abandonne à la moindre difficulté !

Je serrai les dents et tins bon. Par chance, la rapidité et l'endurance étaient mes deux atouts. Le jogging avait toujours été ma passion. J'avais commencé à courir dès l'âge de onze ans au parc de La Courneuve, près de chez mes parents. J'y courais une heure et demie par jour et m'astreignais à grimper dix côtes minimum au fameux Belvédère. En parallèle, pendant des années, je m'étais rendu au Sacré-Cœur de bon matin et m'étais entraîné à monter et descendre les centaines de marches en foulée rapide, sans m'arrêter. Mon cœur était sacrément accroché et ma détermination à toute épreuve, je n'entendais pas lâcher le morceau comme ça.

– N'oubliez jamais. Si vous perdez, perdez avec dignité. Gagnez avec humilité. Mais toujours battez-vous ! Ceux qui ont lâché, encouragez vos coéquipiers ! ordonna Calhoun aux joueurs éliminés lors de ce test de résistance. Rendez-les meilleurs !

Les gars, contraints de faire preuve d'esprit d'équipe, braillèrent :

– Allez, les gars, on est avec vous ! Tenez bon ! UConn, Huskies ! Let's go !

– Et si vous n'aimez pas encourager vos camarades, je m'en fous, faites semblant d'aimer ça ! enchaîna Calhoun.

Nous restions trois en lice : Charlie Villanueva, Jason Baisch et moi-même, tous trois déterminés à finir en beauté et à atteindre le plus haut palier. Les bips, de plus en plus proches, eurent raison de Jason qui finit par trébucher de fatigue, s'aplatit comme une crêpe sur la ligne de fond et fut incapable de se relever. Puis ce fut au tour de Villanueva. Charlie puisait dans ses dernières ressources et je fus impressionné par la résistance d'un garçon de son gabarit. D'un coup, je me mis à accélérer sur les derniers mètres, le dépassant de quelques mètres sur chaque retour, ça lui fit mal. Il ne parvenait plus à respirer et abandonna. Je restai donc seul à courir tandis que les joueurs, hallucinés, se demandaient sérieusement qui j'étais et d'où je sortais.

La rage m'habitait, j'aurais pu hurler de souffrance tant mes membres étaient à l'agonie, mais je continuais à courir comme un forcené tandis que Calhoun m'observait, amusé et apparemment ravi de sa découverte sportive et exotiquement française.

– OK, Henri, bien, très très bien ! Encouragez-le, j'ai dit ! cria-t-il.

– Allez, mec ! Vas-y ! Putain, on sait même pas comment il s'appelle, celui-là ! Let's go, Mexican !

Et un nouveau surnom, un ! Après Henri, on m'affubla de « Mexican ». Décidément, ici aussi les vannes fusaient plus vite que les encouragements…

Je m'arrêtai enfin de courir et marchai sur place afin de reprendre mon souffle, épuisé et au bord de l'évanouissement mais digne. Toute l'équipe se mit à applaudir. Par ce test, j'avais remporté une première victoire. Calhoun en personne s'était adressé à moi à la fin de l'exercice par un simple : « Bravo, Henri ! » En rejoignant le reste de l'équipe, je surpris quelques regards circonspects de mes coéquipiers mais aussi celui, plus sombre, de deux joueurs qui me toisèrent, Marcus Williams et A.K., deux joueurs qui évoluaient au même poste que moi, celui de meneur de jeu.

– OK, les gars, lancers francs, deux essais chacun !

Calhoun et ses assistants observaient attentivement les aptitudes des uns et des autres. Nous défilâmes à tour de rôle. Pour certains, il s'agissait d'une simple formalité, mais pour moi, chaque tir avait quelque chose de crucial, car c'était là encore une occasion de faire mes preuves.

Concentré, je réussis mes deux lancers francs. Mais je compris vite que Calhoun attendait de ses joueurs qu'ils marquent des lancers francs d'une certaine façon, sans que la balle ne touche l'arceau pour ajouter de la difficulté à l'exercice, et c'était son exigence. Nous dûmes recommencer cinq fois cet exercice.

Vanné, je jetai un œil discret à l'horloge, nous avions déjà fait près de quatre heures d'entraînement et Calhoun ne semblait pas décidé à nous laisser souffler. Il frappa dans ses mains et nous ordonna de venir au milieu du terrain le plus vite possible.

– 5, 4, 3, 2, 1 ! hurla-t-il. Vous êtes en retard ! OK, *suicide* !!!

Le suicide consistait à courir en aller-retour d'un bout à l'autre du terrain en touchant toutes les lignes.

Désemparé, je regardai autour de moi mais j'eus à peine le temps de réagir que les gars sprintaient déjà à toute vitesse vers la ligne de fond. Le temps que je les imite, un coup de sifflet strident retentit. Calhoun, qui pouvait avoir des accès de colère violents à l'entraînement, vociféra :

– Je me tape de l'endroit d'où vous venez, si vous êtes des stars dans votre quartier et qui vous êtes, à UConn c'est la même pour tout le monde. Recommencez ! Courez ! Viiiiiite !

Il avait aussi le sens du show et, pour se faire entendre, n'hésitait pas à passer d'une joie communicative à une colère glaçante, me faisant penser à Jack Nicholson dans *Shining*.

– 5, 4, 3, 2, 1, suicide !

Nous étions à peine partis qu'il siffla de nouveau.

– Recommencez ! Vous allez courir, bande de petits joueurs, je vous le dis, moi.

Certains gars soupirèrent tandis que, déboussolé, j'essayais toujours de comprendre de quoi il était question.

– Hey, m'interpella soudain Jason, quand le coach compte, il faut que tout le monde vienne au milieu du terrain ! C'est quoi ton problème à toi ? C'est à cause de toi qu'on court comme des cons ! Putain, il comprend rien, ce clandestin !!!

– Ah, mais il parle trop vite, m'excusai-je, je ne comprends rien ! Désolé.

– Cours, putain, et fais comme nous, bordel ! me hurla Jason.

Ainsi c'était donc ma faute s'il nous faisait recommencer à chaque fois…

– Putain de Français ! jura Marcus Williams en me regardant de travers.

Je riais intérieurement… « Putain de Français ! » Il fallait que je sois aux US pour entendre ça… Enfin reconnu à ma juste valeur !

Après ce coup de semonce, nous refîmes l'exercice une dernière fois. J'avais enfin compris le « Calhoun Suicide » et je gagnai la course, ce qui fit taire les mécontents.

– Bien, Messieurs, ce n'était pas si mal pour un premier entraînement, annonça Calhoun.

Pas si mal ??? Cinq heures à courir comme des dingues ! Je crois que ce monsieur Calhoun est fou.

– Mais si vous voulez devenir de vrais joueurs, poursuivit-il, il va falloir mettre plus de cœur à l'ouvrage. Jason, tu es responsable de l'enthousiasme de ton équipe pendant l'entraînement, c'est donc à toi de les motiver ! Ah oui, au fait, le gagnant du test suicide nous vient de France, posez-vous des questions…

Calhoun siffla la fin de l'entraînement. Une libération…

Certains me lancèrent un regard bref, d'autres m'ignorèrent superbement. Jason partit en petite foulée vers le vestiaire en criant :

– UConn !

Les gars répondirent à l'unisson :

– Huskies !

Je fus le dernier à rejoindre le vestiaire. Comme je l'avais fait à mon arrivée, je me remis à terre et m'étirai seul dans mon coin. Denham Brown, un grand canadien de 1 m 98, fut le premier à venir me parler.

– Eh, tu viens d'où en France ? Moi, je suis canadien mais je parle pas bien français…

– Je viens de Paris, enfin la banlieue de Paris… répondis-je dans mon anglais scolaire.

– C'est quoi le nom de votre Président déjà ? Patrick Dufour ?

– Hahaha, non, non ! fis-je en riant.

– Eh mec, il se fout de ta gueule, le Français ! le mit en garde Marcus Williams.

– Attends, je viens te parler et toi tu fous ma gueule ? lança Brown, piqué au vif.

Il ne voyait pas que c'était de l'humour, que ma réaction n'avait rien de vexant ? En réalité je compris rapidement que ces gars, traités en véritables stars, chouchoutés en permanence, n'étaient pas habitués à se faire moquer par un parfait inconnu, de surcroît étranger. De plus, ils étaient bien plus jeunes que moi et a priori beaucoup plus susceptibles.

– Non, mais ne te vexe pas, c'est ton accent qui est marrant…

– Hahaha, il se fout de ton accent maintenant, mais lui alors, il parle anglais, on comprend même pas ce qu'il dit, ce clandé !

Williams en remettait une couche pour faire monter la mayonnaise, l'ambiance dans le vestiaire commençait sérieusement à tourner à l'aigre, d'autres joueurs y allant de leur mot d'argot que je ne comprenais pas, certains prenant apparemment mon parti, d'autres se mettant clairement du côté de Williams. L'embrouille n'était pas loin lorsque Patrick Sellers fit irruption dans le vestiaire.

– Sami, le coach veut te voir dans son bureau.

Tous me regardèrent m'éloigner, intrigués.

J'entrai dans le bureau de Calhoun plus intimidé encore que la première fois car je savais que c'était l'heure du verdict.

– Alors, Henri ? me dit-il. Assieds-toi !

Il fit une longue pause et m'observa en silence. J'essayai de lire quelque indice sur son visage mais il restait impassible et n'affichait rien de plus qu'un sourire de politesse.

– OK, bien… poursuivit-il.

Mon cœur battait à tout rompre. Calhoun semblait prendre un malin plaisir à faire durer le suspens.

– C'est bon, tu es dans l'équipe ! dit-il en me tendant un maillot.

– What ?

Il me remit en riant un maillot Huskies numéro 10, sans nom au dos. Je le saisis, incrédule, bredouillant un timide « Wahou… Thank you, Coach Jim Calhoun », persuadé, encore, d'être victime d'un canular ou d'une caméra cachée.

– Hahaha… Ne m'appelle pas Coach Jim Calhoun, Coach suffira. Maintenant tu es Henri No Name ! plaisanta-t-il en retournant le maillot sans nom derrière.

Sellers se mit à rire. Et moi aussi, nerveusement.

– Tu es rapide balle en main, tu dribbles bien, tu sais tirer et tu as une bonne défense sur la balle. Je pense que tu seras un good *asset*, un bon complément, pour nous cette année. Patrick va t'expliquer comment va se passer la saison. On se voit demain à l'entraînement !

Mon air hagard amusa Sellers qui continuait de se gondoler. Calhoun prit congé et l'enjoignit de me présenter la saison :

– On a déjà eu des Israéliens, des Anglais… mais un Français dans l'équipe, manquait plus que ça… Good luck, Henri No Name, hahaha ! fit-il en s'éloignant.

Toujours en état de choc, je suivis Patrick Sellers jusqu'à son bureau tel un automate.

Je ne savais même pas ce que signifiait asset, et entre son accent et mon anglais scolaire… Il m'avait peut-être offert le maillot parce que j'avais gagné la course ou pour me remercier d'être venu à l'entraînement…

Dans son bureau, Patrick Sellers me donna une somme d'informations vertigineuse concernant la saison :

– Sami, attends-toi à passer une année très intense… Tu vas kiffer, mec ! La saison regroupe le Big East Championship, le Big East Tournament et le tournoi NCAA. Là, on prépare deux matchs d'exhibition contre Bridgeport et Bryant University… Pour chaque match, tu auras droit à quatre places en VIP pour ta famille. Tous les déplacements se feront avec le bus privé de l'équipe. Pour les destinations lointaines, vous voyagerez en avion privé. C'est un jet puissant. Pour chaque match à l'extérieur, vous serez logés en hôtel cinq étoiles, au Marriott. Il faudra que tu revoies dès que possible ton planning de cours avec Ted Taigen, les entraînements sportifs sont prioritaires dans le système universitaire américain et ont lieu tous les après-midis à 14 h, ils durent quatre heures. Il faut être sur place une demi-heure avant. Voici le code d'entrée de Gampel, tu peux venir t'entraîner librement à n'importe quelle heure du jour ou de la nuit. La veille de chaque match, nous faisons une séance vidéo sur l'équipe adverse. Vous aurez un *scouting report* * de chaque adversaire établi par notre staff. Quand tu as un examen ou un devoir important à rendre à la fac, nous pouvons te prendre un prof particulier pour t'aider si tu en ressens le besoin. Et il peut même venir t'aider à étudier en déplacement.

J'avais le vertige. Avion privé… un jet? Non, quand même pas! Hôtel cinq étoiles, hahaha! Un prof particulier si j'en avais besoin? Quatre places pour ma famille… Mais mon père ne savait même pas que je jouais au basket, mon pauvre ami! « Ah nan, Toufik, désolé, ce week-end, on pourra pas venir aux fiançailles de ton fils, on prend l'avion avec Ghénima… Eh oui, on part en Amérique voir Sami, il a un match de la Big East Conférence de basket là-bas… Et d'ailleurs, on sera pris tous les week-ends cette année parce qu'il a des matchs toutes les semaines à Connecticut, les champions en titre des États-Unis, désolé! »

– Tu as des questions? s'enquit Sellers.

Si j'avais des questions? Et comment! Je n'avais que ça! C'était quoi, tous ces championnats? Ça durerait combien de temps? C'était où? Et euh, le jet, les hôtels, tout ça, c'était gratuit ou on

* Résumé des qualités et des défauts.

essayait de me la faire à l'envers et on allait me sortir à la fin une note qui m'endetterait sur plusieurs générations ?
– Euh, non… je n'ai pas de questions… répondis-je comme un con. C'est que… euh, je ne m'attendais tellement pas à tout ça !
– Eh oui, mon garçon, ici, c'est comme ça que ça se passe ! s'exclama-t-il en riant. Bienvenue en Amérique !

Mes yeux brillaient et à l'intérieur mon être tout entier hésitait entre danse de la joie et saltos arrière.
– Sami, juste une chose : l'aspect administratif. Avant de valider ton statut NCAA, il faut que tes anciens coachs en France nous assurent par écrit que tu n'as jamais touché d'argent. Voici mon mail.
– OK, Coach Sellers, je m'en occupe.

Il me fallut quasiment ramper pour rejoindre ma chambre tant l'entraînement avait été intense. J'étais complètement vidé. J'avais tout donné physiquement et mentalement, il ne me restait plus la moindre énergie. N'ayant pas la force de prendre une douche, je m'allongeai sur mon lit et contemplai mon maillot des Huskies en me demandant toujours si je n'avais pas rêvé tout cela. Je le serrai contre moi comme un gamin et m'endormis ainsi. Lorsque je rouvris les yeux, l'horloge affichait 23 h. Trop tard pour aller au dining room. Je me contentai d'une banane emportée au déjeuner.

Le lendemain, je pris mon courage à deux mains et mis ma fierté de côté pour appeler mon ancien coach de Bondy et lui demander d'envoyer un mail à Sellers stipulant que je n'avais pas été rémunéré quand j'étais sous ses ordres. Rien de plus facile a priori puisqu'effectivement, pendant un an je n'avais touché aucun salaire.

Après quelques sonneries, Germain décrocha :

– Allo Germain, salut c'est Sami, ça va ?

– Ah… Sami, ça va et toi ? Quoi de beau ? Qu'est-ce que tu deviens ?

– Je suis à l'étranger actuellement mais je voulais rejouer dans un club. Je t'appelle parce que j'ai besoin que tu m'envoies un mail disant que je n'ai pas été rémunéré sous tes ordres, comme ça a été le cas, c'est possible ?

Il se braqua immédiatement :

– Ah non, c'est pas dans mes habitudes de faire ça.

– Mais c'est pas une question d'habitudes, tu me le dois, j'ai joué gratuitement pour toi pendant un an ! C'est juste pour pouvoir jouer au basket sans problème, tu sais.

– Écoute, n'insiste pas, Sami. Je ne t'enverrai aucun mail. Au revoir !

Et il raccrocha. Sa réaction me laissa coi. Après le bain de soleil, la douche glacée. Mais j'accusai le coup et appelai ma sœur :

– J'ai besoin d'un petit service, ma sœur.

– Ah ben, ça change pas !

– Oh, allez, s'teu plaît…

– Bon, vas-y, je t'écoute.

– Voilà, j'ai besoin que tu crées une adresse mail au nom de Germain, mon ancien entraîneur, et une autre au nom de Vincent, l'entraîneur de Levallois… Tu fais un mail disant que je n'ai jamais été rémunéré en tant que basketteur et tu l'envoies à Patrick Sellers, je vais te donner son adresse mail, tu as de quoi noter ?

– Eh, mais tu m'as vraiment prise pour ta secrétaire !
– C'est super important, ma sœur ! Ça peut changer ma vie. Fais-le tout de suite, s'teu plaît, tu en as pour cinq minutes.
– Mais c'est pour quoi exactement ?
– Je t'expliquerai, j'ai pas trop le temps, là…
– Ouais, ben, j'espère que ça va pas me faire avoir des problèmes, ton histoire…
– Mais quel flippée celle-là, mais non, t'inquiète, je suis pas comme ça ! Bon, je compte sur toi… Et n'oublie jamais que je t'aime !

Je raccrochai et appelai mon ami Will :
– Will, mon pote, j'ai besoin d'un immense service…
– Ah Sami, ça va ? Alors, comment ça se passe ? Ça te plaît, les States ?
– Ouais, c'est cool, t'imagines pas, je te raconterai ça plus tard, là je peux pas rester très longtemps… excuse-moi. En fait, j'aurais besoin que t'ailles me chercher un certificat de scolarité à la fac, c'est super urgent. Je t'expliquerai plus tard, c'est pour la bonne cause. Je peux compter sur toi ?
– Bien sûr, mon frère !
– Oh, merci Will, je t'aime !
– Oh la la, t'es chelou, toi, qu'est-ce qui t'arrive ?
– Une histoire de fou, j'te raconterai…

Le lendemain, je me pointai à l'entraînement, tout courbaturé et arborant la même tenue débraillée que la veille. Dans le vestiaire, certains gars de l'équipe répondirent à mon hello, mais globalement on ne me prêta guère plus d'attention. Lorsque Patrick Sellers me vit mettre des paniers sur le terrain lustré des Huskies, ce que tous les joueurs faisaient habituellement avant l'entraînement en guise d'échauffement, il me fit signe d'approcher.

– Ton short, là, ça ne va pas du tout, Sami !

– Ah bon ?… fis je décontenancé. Qu'est-ce qu'il a, mon short ? Il est bien ! C'est la mode à Paris, souris-je.

Ça ne le fit pas rire. Il alpagua Ben, l'assistant, et lui demanda de me fournir un short de l'équipe. Quand je le passai dans le vestiaire et croisai mon reflet dans le miroir, je vis que j'avais certes une tenue Huskies flambant neuve et très pro, mais cela ne donnait pas du tout le même effet que sur les autres gars de l'équipe, je nageais dedans, on aurait dit un danseur de hip-hop dépassé.

De toute évidence, ne mesurant que 1 m 75, à côté de mes coéquipiers qui dépassaient quasiment tous les deux mètres, j'avais l'air d'un nain de jardin portant une tenue bien trop grande pour lui. Les moqueries ne se firent pas attendre.

– Eh, Ed, regarde le petit frenchy, c'est pas un *Husky* *, c'est un *puppy* **…

– Oh, mais n'est-il pas mignon dans son short trop grand pour lui ? Cours pas trop, tu risquerais de le perdre ou de marcher dessus !

Un autre se mit à rire franchement :

– Je l'aime bien, ce Français, il est drôle malgré lui !

Ne connaissant pas les expressions en argot et n'étant pas armé pour leur répondre, j'eus du mal à répliquer et me contentai de sourire bêtement et de rester concentré sur mes paniers. Mon anglais me jouait parfois des tours et, inhabitué au *slang*, leur argot, je ne comprenais pas toujours ce qui se disait. Pourtant cette fois leurs regards et leurs rires ne firent aucun doute : se moquer de moi devenait une habitude.

L'entraînement, aussi physique et intense que la veille, était scrupuleusement suivi par une armada de managers ainsi que par des assistants prêts à satisfaire le moindre de nos besoins. Il me fallut près d'un mois pour savoir qui était qui, retenir les noms et le rôle de chacun. Comme la veille, lorsque Calhoun fit son entrée sur le terrain, tous les joueurs lâchèrent leur ballon et se mirent à applaudir le boss. Je pris une part active à ces applaudissements, sans en faire trop. J'avais profité de la veille pour me renseigner sur son incroyable histoire. Et quelle histoire ! Il avait fait de

* Chien-loup.

** Chiot-loup.

Connecticut un programme de basket de référence, gagné plusieurs titres et formé plusieurs dizaines de grands joueurs NBA. Ce cérémonial d'accueil de Coach Calhoun aurait lieu jusqu'au dernier jour de la saison sportive.

L'entraînement prit fin après trois heures exténuantes et fut suivi d'une séance de musculation d'une heure avec Coach West, entraîneur spécialisé pour la musculation. Ça me changeait des entraînements d'une heure quinze trois fois par semaine.

À Gampel Pavilion, la salle de musculation réservée aux athlètes, un club de sport à elle seule, offrait sur près de deux mille mètres carrés tout le matériel high-tech dont n'importe quel sportif pouvait rêver : des bancs de muscu aux machines à charges en passant par les appareils de cardio-training dernier cri. À côté, nos Club Med Gym ressemblaient à des cagibis pour freluquets qui préparent l'été en se mettant à pousser à la dernière minute.

Le surlendemain, lorsque j'arrivai à l'entraînement, Calhoun me prit à part au bord du terrain. Que me voulait-il ?

– Henri, je suis désolé mais la NCAA n'a pas encore validé ton dossier, ils ont des règles très strictes ici aux USA. Tu ne peux plus t'entraîner avec l'équipe pour le moment. Nous devons attendre le feu vert de Bill, de la commission de la NCAA. Tu devras dorénavant t'asseoir dans les tribunes et nous regarder.

Cette annonce par Calhoun m'abattit littéralement. Ça commençait… Ç'avait été trop beau pour être vrai. Le lendemain, on allait me dire que c'était foutu et que je ne pouvais plus faire partie de l'équipe… Heureusement que je n'avais encore rien annoncé à personne, j'aurais eu l'air d'un con. C'était grave d'être aussi poissard… J'aurai été un UConn Husky l'espace de deux entraînements…

À UConn, Mister Bill était chargé de vérifier que les joueurs répondaient bien aux critères d'éligibilité de la très réglementée NCAA. Outre qu'ils ne devaient jamais avoir été rémunérés en tant que joueurs, les étudiants athlètes devaient être inscrits à l'université dans un délai de cinq ans maximum après leur obtention du baccalauréat. Par la suite, ils devaient aussi justifier de leur assiduité aux cours et de résultats scolaires corrects. Aux États-Unis, on ne rigolait pas avec ça, et tout athlète qui n'avait pas la moyenne prenait le risque de devoir quitter l'équipe sur-le-champ. Voilà pourquoi les joueurs avaient la possibilité d'être suivis par un prof particulier. Devant mon air soucieux, Patrick Sellers me rassura :

– Ne t'inquiète pas, mec, ça ne devrait pas être très long… J'ai reçu le mail de ton entraîneur Germain, c'est OK, mais je n'ai pas reçu le deuxième et il me manque toujours ton certificat de scolarité prouvant que tu es dans les temps pour l'éligibilité NCAA.

Le soir, j'appelai ma sœur, paniqué à l'idée de passer à côté de la chance de ma vie :

– Qu'est-ce que tu fous, Ned ? Pourquoi t'as pas envoyé les deux mails ?

– J'ai envoyé le premier mais j'attendais un peu avant d'envoyer le deuxième. Où t'as vu que tes deux entraîneurs envoient leur mail en même temps, à une minute d'intervalle ? Si tu veux faire le malin, fais-le intelligemment, ça t'évitera de te faire prendre…

– OK, ma sœur, c'est vrai, j'y avais pas pensé… T'es trop forte ! C'est pas faire le malin, c'est essayer de s'en sortir, c'est différent... Donc envoie-le tout de suite, c'est super important. Sans ça, je suis foutu.

– C'est bon, je le fais dès qu'on a raccroché.

Dans la foulée, je relançai Will, qui m'expliqua s'être rendu à Paris 8, mais qu'il fallait prévoir un délai de deux à trois jours pour obtenir le certificat de scolarité. Dès lors, je n'eus d'autre choix que de prendre mon mal en patience et d'attendre le feu vert de Mister Bill. Durant plus d'une semaine, je me rendis quotidiennement à Gampel Pavilion où je suivais, passif, l'entraînement de l'équipe. La folie administrative me poursuivait aux États-Unis : je pouvais assister seul dans un stade de vingt mille personnes à l'entraînement d'une équipe championne en titre des USA... mais sans y participer, à cause d'un foutu certificat de scolarité ! En fin de journée, je me rendais au Gym et m'y entraînais seul jusqu'à minuit, heure de la fermeture. Au-dessus du terrain, mes chers compatriotes Julien, David et Jonathan m'alpaguèrent :

– Alors tu joues au basket seul au monde, Tom Hanks ? C'est triste !

– Non, je préfère les vrais sports, les gars, pas les hobbies, le squash c'est un sport de jeunes vieux comme vous, ça m'angoisse !

– T'as pas d'amis, Rémi sans famille ? Il est où, Maître Vitalis ? Zerbino est mort ? Hahaha !...

– Viens jouer au squash avec nous ! Ah non, y'a pas de noirs au squash...

– Hahaha... Très marrants, les bourgeois ! Faites du badminton, ça vous va mieux ! Le basket, c'est un sport de contact, ça risquerait de destructurer votre mèche sur le côté ! Et puis, j'ai oublié mon petit pull sur les épaules.

– Allez, Francis Jordan, à plus ! T'éteindras la lumière en partant. C'est pas la CAF qui paie l'électricité ici.

– Salut, les mecs de droite, on se croise avenue de Breteuil.

Dix jours après mes essais avec l'équipe, Patrick Sellers m'annonça une bonne nouvelle : j'étais éligible et je pus faire mon retour à Gampel au milieu des autres Huskies. Lorsque Calhoun fit son entrée, il nous avertit :

– Aujourd'hui, nous allons poursuivre l'entraînement en vue du match contre Bridgeport. Je veux voir ce que vous avez dans les tripes, les gars ! Ce sera long, intense et difficile pour certains qui n'en donnent pas assez à mon goût… Je veux de l'énergie, de l'action, de l'agressivité positive. Si vous pensez ne pas être à la hauteur, je préfère que vous quittiez ce terrain tout de suite ! Jason, tu prends en main l'échauffement !

Calhoun ne bluffait jamais, l'entraînement fut effectivement éprouvant. Nous commençâmes par des 1 contre 1 où l'assistant Coach Blaney donnait la balle sans relâche au premier joueur qui se présentait devant lui. Le joueur qui avait la balle devait marquer le plus rapidement possible. Celui qui marquait continuait d'attaquer. Très offensifs, les gars allaient et venaient, attrapaient la balle, se lançaient vers le cercle avec efficacité et une simplicité déconcertante. Le rythme était affolant, on aurait dit des morts de faim. Je n'osais pas prendre part à l'exercice, timide et habitué que j'étais à faire la queue pendant les entraînements en France en attendant mon tour, tel un administré avec son ticket.

Intimidé et naïvement poli, j'attendais mon tour qui ne semblait jamais arriver. Les gars, très déterminés, passaient devant moi dans un flot ininterrompu et allaient parfois jusqu'à me bousculer mais sans jamais me proposer de participer. Je sentais bien que je devais m'imposer mais impossible d'aller contre ma nature trop « gentille ».

Je croisai au même moment le regard de Calhoun qui semblait en penser autant : « Les Français, c'est plus ce que c'était... Il est loin, Napoléon...»

– Alors ! se mit-il à crier dans ma direction. Tu fais un reportage, Henri ? Ça te plaît l'Amérique ? Réveille-toi !

Piqué au vif et craignant de le voir regretter de m'avoir pris dans l'équipe, je me faufilai parmi les autres joueurs, me présentai devant Coach Blaney pour attaquer le panier face à Ed Nelson.

Ce dernier, un colosse de 2 m 03 pour 116 kg, fut le premier à m'envoyer au tapis. Il me contra sur mon premier tir et le fit avec une facilité humiliante. Je n'eus pas le temps de réagir en défense qu'il me dunkait dessus avec rage sous les ovations des autres joueurs. Première action, première mise à l'amende, ça commençait bien... Le jeu allait vite, très très vite. Coach Blaney s'impatienta :

– Sami, tu dors ou quoi ? Il faut marquer plus vite que ça ! Arrête tes dribbles inutiles ! Va au panier direct et marque le plus vite possible… c'est l'Amérique ici, pas de chichis ! Straight to the point ! Straight to the basket !

Vexé, je jouai de nouveau des coudes pour attraper la balle et me retrouvai face à Marcus Williams, le meneur en titre. Marcus me dribbla avec un *crossover* dont il avait le secret, me mit dans le vent puis shoota. Panier ! Et encore une ovation des autres joueurs.

– Retourne en France, tu n'as pas le niveau ! me lança-t-il d'un ton méprisant.

Je serrai les dents et m'accrochai. En quelques 1 contre 1, je n'avais effectué que de mauvaises défenses et rien marqué. Après ces deux échecs, les coachs me mirent sur le côté pour cet exercice de 1 contre 1. « C'est pas pour toi, Henri. Laisse les autres le faire, tu feras le prochain. » À UConn, c'était comme ça. Pas de temps à perdre avec les retardataires, les gars mauvais dans les duels ou, simplement, faibles.

Calhoun signifia à l'équipe que l'exercice était terminé et exposa dans un anglais technique obscur de nouvelles consignes. Il me fallut quelques minutes d'observation pour comprendre l'exercice du *box out*, le rebond défensif : un joueur désigné par le coach devait bloquer successivement trois joueurs du rebond. S'il ne parvenait pas à bloquer les trois joueurs à la suite, le coach le faisait recommencer depuis le début, et cela pouvait se répéter indéfiniment jusqu'à épuisement des ressources physiques… Bref, une torture. Lorsque mon tour arriva, Calhoun désigna A.K., un meneur de 1 m 90. Comme j'étais encore relativement frais et qu'il était mon premier adversaire, je parvins à le bloquer sans trop de mal grâce à mon physique de petit pitbull. Le deuxième joueur désigné fut Rashad Anderson, 1 m 96. Bien qu'avoisinant les 100 kg, il montra moins d'agressivité que son prédécesseur, ce qui me permit d'en venir à bout assez facilement. Prendre deux rebonds d'affilée présageait une bonne fin d'exercice pour moi. Erreur. Pour le troisième adversaire, Calhoun désigna Josh Boone, 2 m 12 pour 110 kg de muscles. J'eus beau y mettre toutes mes forces, Josh qui me toisait l'air de dire « Dégage, nabot ! » m'envoya valser sans ménagement. Je dus recommencer l'exercice une deuxième fois. Venu à bout des deux premiers joueurs comme lors de mon premier passage, je commençai à sentir mes membres lourds de fatigue. Du fait de ma corpulence, j'étais désavantagé par rapport aux autres joueurs et l'exercice s'avérait pour moi particulièrement épuisant. Lorsque je me retrouvai face à Rudy Gay et à ses 2 m 03, il prit le rebond sur moi et me dunka dessus sans respect. C'était le coup de grâce. Je tournai de l'œil et m'évanouis lamentablement sous le panier. Le fou rire moqueur de Calhoun résonna dans Gampel Pavilion :

– Hahaha ! Regardez, le Français nous quitte, dit-il, goguenard. Attends, l'Amérique va te sauver comme en 1945 !

Et tout le monde se mit à rire de plus belle. Puis Calhoun leur cria dessus :

– Il est français mais c'est votre coéquipier !!! Relevez-le !

Aussitôt, les joueurs accoururent et m'aidèrent à me relever. J'étais bleu. J'avais mal partout mais cet élan de solidarité forcée me remit du baume au cœur. Naïf, je pensai alors que les gars se préoccupaient de moi, mais j'appris lors des entraînements suivants que Calhoun imposait à l'équipe un esprit de fraternité incontournable, le fameux *team spirit*, mais façon méthode Coué : même si vous n'aimiez pas votre coéquipier, vous deviez montrer de la bonne volonté. Nous avions le droit de nous détester mais uniquement la nuit ou les jours fériés afin que cela n'entrave en rien les résultats sur le terrain. Une fois relevé, je retrouvai mes esprits et repris l'exercice comme les autres. Comme il l'avait fait les deux premières fois, Calhoun fit en sorte que je me mesure aux titans de l'équipe et ne m'épargna rien. Il semblait même y prendre un malin plaisir en envoyant successivement Charlie Villanueva, 2m11, et Hilton Armstrong, 2m12, faire le rebond sur moi. Je me sentis de nouveau en galère. Et ce qui devait arriver arriva, je virai à nouveau au verdâtre et me mis à vomir d'épuisement sur le côté du terrain. Calhoun n'en pouvait plus de rire, entraînant ses assistants coachs dans un fou rire généralisé après avoir lâché un « This is America, Henri ! ». Sa cruauté rigolarde me tétanisa.

Ce coach-là est vraiment spécial… pensai-je, pendant que des *ball boys* me relevaient et tentaient tant bien que mal de me remettre d'aplomb grâce à des boissons énergisantes. Un autre se mit à nettoyer la pizza maison que j'avais concoctée près du terrain, attirant les regards de dégoût de mes coéquipiers.

– Il n'a pas mis son T-shirt « I love Italy » aujourd'hui mais il nous en a laissé un souvenir ! charria Denham Brown, hilare.

Au bord de l'épuisement et quelque peu sonné, je terminai néanmoins l'entraînement. En fin de séance, le coach nous réunit au milieu du terrain afin de nous faire part de son analyse de l'entraînement, puis Jason Baisch, le capitaine de l'équipe, fit le cri habituel de rassemblement, et nous partîmes tous en direction du vestiaire en hurlant « Huskies ! » à gorge déployée. À chaque fin d'entraînement, notre retour dans les vestiaires avait les allures d'une procession sectaire dont Calhoun était le Raël. Dernier de la file, je m'apprêtai à pénétrer dans les vestiaires lorsque Patrick Sellers me héla.

– Sami, j'ai besoin que tu reviennes sur le terrain dans une petite demi-heure pour une séance photo.

Je hochai la tête, quelque peu surpris, incapable d'émettre le moindre son, encore étourdi et victime de crampes intempestives.

– Une demi-heure, ça te laisse le temps de te rafraîchir un peu et surtout de changer ce maillot, dit-il en regardant mon sweat taché.

Quelques minutes plus tard, Ben, le fidèle assistant, m'apporta un maillot UConn numéro 10 sans nom, propre, frais et sans vomi. Devant Robert Stowell, dit Bob, le photographe officiel de UConn, je posai sagement avec ma tenue de l'équipe sur un banc, l'air sérieux et le menton légèrement relevé, mais le teint encore pâle de ma séance d'entraînement qui avait viré au cauchemar. J'ignorais à quoi serviraient ces photos mais j'espérais bien en récupérer une pour l'envoyer à ma mère et lui montrer qu'ici, en Amérique, je ne manquais de rien. La pauvre, si elle savait seulement que cinq minutes avant cette photo d'anthologie, je rendais mes tripes…

Deux jours plus tard, de retour à l'entraînement, j'eus un choc en découvrant, dans le vestiaire, entre le casier de Josh Boone et celui de Charlie Villanueva, un nouveau casier avec MA photo. Dès l'entrée on pouvait lire, entre « Josh Boone, Mont Airy, Maryland » et « Charlie Villanueva, Brooklyn, New York » : « Sami Améziane, Saint-Denis, France. » Je restai plusieurs secondes à contempler mon casier, ébahi. On ne m'avait jamais traité comme ça. A.K. entra et me bouscula sans ménagement. Au lieu de riposter, je restai là et n'eus aucune réaction de protestation, m'excusant presque.

Mon regard balaya les casiers de tous les autres joueurs. Ils venaient des quatre coins des États-Unis, du Canada et même d'Australie : Baltimore, Lakeland, New York, Los Angeles, Toronto, Chicago, Oakland, Sydney, des noms de villes qui me donnaient le tournis, et au milieu de tout ça, telle une intruse, la ville de Saint-Denis, sa basilique, ses rois de France, ses NTM et un escroc d'étudiant-basketteur au drôle d'accent.

Dans mon casier m'attendait une tenue impeccable : mon maillot numéro 10, toujours sans nom, un short UConn, des baskets neuves à ma taille, des chaussettes blanches et même un caleçon propre. Durant toute la saison, je trouverais ainsi, chaque jour, pour chaque entraînement, une tenue fraîche et repassée, et des baskets neuves fournies à discrétion. Aux États-Unis, le traitement réservé aux athlètes universitaires était d'un niveau si professionnel qu'il dépassait de loin le niveau de la première division de basketball en France.

Cette nouvelle étape qui, dans mon esprit, s'apparentait à une certaine forme d'ascension, me galvanisa. Durant l'entraînement, je laissai de côté ma nature discrète pour jouer des coudes et tenter de faire ma place. Chaque exercice devint ma coupe du monde. Je courais partout. Je voulais la balle et j'étais déterminé à apprendre, à comprendre, à mettre des paniers, à faire de bonnes passes, des efforts supplémentaires, et à prouver que je n'étais pas une escroquerie internationale. À l'issue de l'entraînement, Jason Baisch, le capitaine de l'équipe, me prit à part.

– Hé, Sami, j'ai deux-trois petites choses à t'expliquer, mon gars… Dans cette équipe, tu n'es pas un titulaire, tu es un *walk-on*, tu fais partie de la *yellow team*, l'équipe remplaçante des remplaçants… Tu n'es pas un *scholarship player*. Tu sais ce que ça signifie ? Ça veut dire que même si un joueur meurt et qu'un autre a un cancer foudroyant, tu ne joueras pas cette année. À aucun moment ! Never, man !

– Ah bon ? fis-je, incrédule.

– Tu es comme moi, mec, un faire-valoir. Ton rôle dans l'équipe, c'est d'aider les autres joueurs à progresser, c'est de les pousser afin qu'ils donnent le maximum à l'entraînement. Alors oublie la compétition pendant les matchs, sois positif, fais le boulot d'encouragement et sois un meneur… de banc !

Je ne comprenais plus. Calhoun m'avait pourtant dit que je serais un bon asset pour l'équipe ! Mais j'acquiesçai sans broncher :

– Un meneur de banc ? OK, Jason, no problem !

A priori, ce jeune homme me prenait pour un agent d'ambiance, un DJ de banc. Après Cut Killer, voici MC French Bench, le nouveau David Guetta des coupeurs de citrons made in France…

Le basket universitaire américain avait cela de différent du basket français qu'on comptait en plus de l'équipe de joueurs titulaires et de l'équipe de remplaçants, une équipe de cinq joueurs supplémentaires appelée la yellow team, recrutée pour faire travailler les joueurs titulaires et leurs remplaçants, les encourager et les pousser dans leurs retranchements pendant l'entraînement. Les joueurs de la yellow team n'ont donc pas vocation à jouer sur le terrain les jours de match puisqu'ils ne sont pas recrutés pour cela. Jason Baisch parlait en connaissance de cause car, comme moi, il faisait partie de la yellow team. Tandis que j'avais été recruté grâce à une coupe de cheveux, Calhoun l'avait pris pour sa force, sa stature imposante et les écrans imparables qu'il pouvait constituer lors des entraînements. Les joueurs de la yellow team étaient souvent méprisés par les joueurs majeurs. Cela créait une ambiguïté au sein de l'équipe car ils devaient encourager, bastonner et organiser derrière.

Mon nouveau quotidien universitaire tourna bientôt essentiellement autour du basket. Dès l'annonce de mon éligibilité, mon planning de cours fut réadapté en fonction de mes entraînements, si bien que mes cours de français et les cours que je suivais à UConn furent regroupés sur les matinées. Mes après-midis et soirées étaient consacrés au basket. Une fois l'entraînement avec l'équipe et les coachs terminé, nous enchaînions avec une séance de musculation d'une durée de trois quarts d'heure à une heure. À 18 h, nous prenions nos repas dans une salle de Gampel Pavilion réservée à cet effet où nous attendait un large choix de plats chauds et froids dont nous pouvions nous servir à volonté. À présent, je n'avais plus besoin de dérober une banane en plus au dining room…

Sur le campus, à la fin de chaque repas, les étudiants étaient autorisés à emporter un fruit et ayant remarqué que personne dans les cantines ne contrôlait les sacs, j'avais pris l'habitude, dès mon arrivée, de mettre deux, trois bananes en plus dans mon cartable, ni vu ni connu… J'y voyais là une manière d'économiser l'argent de quelques repas et de lutter contre le gaspillage… Si bien qu'un jour, en sortant du réfectoire, mon sac rempli de mes précieuses bananes, je croisai la jolie Chelsea de mon premier cours de français. Comme elle n'était plus mon élève, nous discutâmes sans retenue lorsqu'elle me suggéra de l'inviter à boire un café.

– OK, fis-je, avec plaisir !

– Cool, Sami… Tu me laisses ton portable ?

– Ah, je n'ai pas de portable en fait, Chelsea, désolé…

– OK, ce n'est pas grave. Je te laisse mon numéro alors… Note-le quelque part.

Dans l'euphorie et oubliant mes bananes, j'ouvris mon cartable d'un geste vif pour prendre mon agenda et de quoi noter lorsque mes six bananes tombèrent à ses pieds, à ma grande honte.

Confus, je les ramassai en toute hâte. Découvrant ce vol à la petite semaine à la sortie de la cantine, Chelsea ne pipa mot et tourna les talons en direction des salles de classe. Au même moment, un des Français, Julien, passa près de moi et me lança :

– Alors on chourre des bananes au dining ? Chassez le naturel, il revient au galop, 9-3 forever… Bonne journée, Mister Banana ! Hahaha !

J'étais mort de rire et de honte à la fois.

Quelques jours avant le premier match d'exhibition contre Bridgeport — nous étions alors au début du mois de novembre —, Calhoun organisa une conférence de presse devant une quinzaine de journalistes. Nous étions tous présents, joueurs, remplaçants, yellow team et assistants coachs. Je n'avais pour ainsi dire jamais assisté à une conférence de presse de basket en France et celle-ci, destinée à communiquer en vue du premier match de la saison, fut aussi l'occasion d'officialiser ma présence au sein de l'équipe.

– Nous venons de recruter un nouveau joueur, annonça Calhoun aux journalistes présents. Il est français, il s'appelle Sami Améziane. Ce n'est pas un étudiant boursier, c'est un étudiant d'échange universitaire, il vient de rejoindre la yellow team comme meneur. Il ne va pas jouer beaucoup pendant la saison mais ce sera un atout pour notre équipe. Puisqu'il est français, ça peut déstabiliser certains joueurs adverses s'il leur jette des fromages ou des croissants pendant les matchs…

Les journalistes rirent spontanément à cette vanne. Calhoun adorait faire des blagues pendant les conférences de presse. Il était toujours avide d'un bon mot, d'une vanne ou d'une mise à l'amende à l'attention de certains journalistes « souffre-douleur » qui lui posaient des questions audacieuses sur le non-recrutement de gros joueurs ou ses choix de coaching. Assurément, c'était une personnalité, il aimait faire le show pendant les matchs, s'en prendre à un arbitre, un joueur, taper de rage dans un panneau publicitaire ou carrément haranguer la foule dans des moments de tension au cours des matchs. Calhoun ne se privait jamais de faire le spectacle, c'était un héros, un personnage, et les Américains l'adoraient pour cela.

L'annonce de ma venue dans l'équipe ne suscita guère d'émoi chez les journalistes car le statut de walk-on n'avait en soi rien de déterminant. C'était un peu comme annoncer l'arrivée d'un nouveau stagiaire dans une entreprise. L'arrivée d'un *nobody*, c'était le cadet de leurs soucis. C'est d'ailleurs comme un stagiaire un peu à côté de la plaque à son arrivée que je vécus le match d'exhibition contre Bridgeport. Au lieu de vivre l'événement comme un rêve, entre excitation et bonheur infini, j'eus un sentiment de frustration immense et l'impression de ne pas être à ma place. Ne connaissant pas encore les codes, je découvrais tout de plein fouet en l'espace d'un seul match. Tout était dans la démesure et allait beaucoup trop vite pour moi, pauvre petit Français sorti de son ghetto et accablé par la pression d'un match sans enjeu. Aussi, lorsque Calhoun m'envoya sur le terrain au milieu des autres joueurs, je me sentis un peu perdu face à leur stratégie de jeu et jouai de façon médiocre. À un moment, face à la défense de zone de Bridgeport, Josh Boone hurla à mon attention :

– *Dive ! Dive*, Sami !

– Dive ? Plongée ? What ? Qu'est-ce que tu dis ?

J'improvisai une action mais Rashad Anderson et Rudy Gay hurlèrent à leur tour :

– Dive, dive, mother fucker !

Ils s'attendaient à ce que je coupe dans la raquette pour fixer la défense mais j'étais à l'ouest. Ils me demandaient une action bien précise que je ne connaissais pas. Calhoun, me voyant largué, me fit aussitôt sortir du terrain, m'infligeant un humiliant « Henri, est-ce que tu comprends l'anglais ? » au moment où je regagnais ma place. Je passai le reste du match sur le banc à regarder les autres jouer et à regretter ma piètre performance par méconnaissance linguistique.

J'imaginais naïvement que le basket était un sport universel et qu'il se pratiquait de manière identique partout dans le monde. À Poissy, où je jouais avant de partir aux États-Unis, nous avions trois schémas tactiques maximum. Or, à UConn, l'équipe possédait près d'une quarantaine de schémas tactiques différents que chaque joueur devait connaître par cœur et dive en faisait partie. D'une certaine manière, c'était comme passer du niveau d'un lycéen moyen à un bon étudiant d'Harvard. En trois semaines, je n'avais pas eu le temps d'assimiler toutes les stratégies offensives et défensives et plusieurs semaines me seraient encore nécessaires. Je devais rattraper mon énorme retard par rapport à mes camarades américains… Je passai les nuits suivantes à apprendre les schémas tactiques de l'équipe en me disant que non, le basket n'est pas un sport de bourricots au vu du nombre de combinaisons que chaque cerveau de joueur du cru connaissait sur le bout des doigts. J'évoluais avec des universitaires intellectuels du basket.

Assis au bout du banc, je me mis à discuter avec Ed Nelson, un des intérieurs de l'équipe des Huskies. Il entreprit de m'expliquer le système dive pour m'aider puis, arborant un petit air moqueur, il changea de conversation :

– Tu sais pourquoi il n'y a que des blacks dans cette équipe de Bridgeport ? me demanda-t-il, l'air sarcastique.

– Non.

– Parce que Bridgeport est la ville la plus pauvre de l'État du Connecticut !

– Ah… C'est pas une bonne nouvelle, ça… fis-je, étonné par cette réplique d'Ed.

– C'est une ville spéciale… C'est là-bas que t'as le plus de séropositifs aussi… Alors un conseil : évite de faire le con à Bridgeport, ça craint ! Hahaha, je déconne !

J'étais choqué par le naturel et la violence des blagues quelque peu racistes d'Ed. Mais ça me permettait de comprendre beaucoup de choses des uns et des autres et leur rapport au politiquement correct.

L'équipe des Huskies remporta le match d'exhibition contre Bridgeport 97 à 64. J'avais marqué zéro point et joué une minute. Belle ligne de statistiques… de stagiaire… from France… qui ne comprenait pas bien l'anglais…

Une semaine plus tard je me rendis au salon de coiffure muni d'un énorme bouquet de fleurs. Lorsqu'elle ouvrit la porte, Holly, qui n'avait plus entendu parler de moi depuis son coup de fil à Ted Taigen, ne me reconnut pas immédiatement.

– Oui ? fit-elle, surprise.

– Hey, Holly, c'est moi, Sààami, l'étudiant français ! Tu te souviens de moi ? Tu m'as mis en contact avec Ted Taigen… Et tu sais quoi ? J'ai été pris dans l'équipe !

Holly, toujours très exubérante, hurla de joie :

– Really ? Oh my God ! It's great, it's fantastic, it's wonderful ! It's amazing, you're amazing, Sààami ! Tu es un Husky maintenant !

J'aurais aussi bien pu lui annoncer qu'elle venait de gagner au loto… Elle avait l'air plus contente que moi-même de ce qui m'arrivait !

– C'est pour toi, dis-je en lui tendant le bouquet de fleurs. Sans toi, rien de tout cela ne serait arrivé. Je voulais te remercier !

– Oh mais Sààami, il n'y a pas de quoi, je suis si heureuse et si excitée pour toi ! Il va te falloir un manager maintenant si j'ai bien compris…

– Oh mais je n'ai pas un poste important dans l'équipe, tu sais… fis-je, en riant.

– Mais tu es Sààami Amazing ! Tu es déjà dans l'équipe. Tu sais ce que ça représente ? Les gens rêveraient de jouer avec les Huskies !

– Holly, fis-je en tendant deux billets, ça te dirait de venir voir le second match de la saison demain soir contre Bryant University ? Ce sont des places en VIP réservées aux familles, mais comme ma famille est en France, tu seras un peu ma famille américaine…

– Oh Sààami, avec plaisir ! dit-elle, émue.

Un client pénétra dans le salon de coiffure, elle l'alpagua sur-le-champ :

– Salut Jeff, hey devine quoi ? C'est un nouveau Husky, grâce à moi. Il vient de France, il est venu se faire coiffer, je l'ai envoyé faire un essai et il a été pris dans l'équipe !

– Vraiment? rétorqua Jeff. Wouahou, c'est fantastique, cette histoire!
– Holly, je vais y aller… On joue contre Bryant University demain, tu viens?
– Of course! Bien sûr que je viens! Je ne te lâche plus maintenant!
– Merci encore pour tout! Merci infiniment, Holly!
– Come on, Sàààmi, fit-elle sur un ton de reproche, arrête de me remercier tout le temps, tu mérites ce qui t'arrive! N'oublie jamais ça. You're amazing! Tes yeux le disent. Tu as un destin, fonce!

Ils étaient marrants, les Américains, avec leurs formules toujours positives : « Si tu y crois sincèrement, tu vas y arriver! », « S'il t'arrive cette chose merveilleuse, c'est que tu la mérites! », « Crois en toi, n'abandonne jamais! ». On aurait dit qu'ils apprenaient des proverbes dès leur plus tendre enfance, des proverbes d'encouragement, of course. Et moi, venant d'où je venais, j'en avais tellement besoin…

Le lendemain, pour le match contre Bryant University qui se jouait à Hartford, nous nous retrouvâmes pour le déjeuner. L'ambiance semblait plutôt détendue et les gars se chambraient gentiment. L'entraînement débuta par un échauffement avec Coach John, le préparateur physique et mental au Hartford Civic Center. Coach John était également kiné et gérait à l'aide de deux assistants le département kinésithérapie et balnéothérapie dédié aux athlètes universitaires. Chaque fois que nous le souhaitions, il nous était possible de nous faire masser ou de profiter d'une séancc dc sauna, de hammam ou de jacuzzi. À la fin de l'échauffement, Calhoun tint un discours d'avant-match offensif.

– Les gars, je sais par expérience que certains d'entre vous considèrent à tort ce deuxième match d'avant-saison comme n'étant pas décisif. Alors oui, ce match ne compte pas vraiment... Ce match est un moyen pour tous de prendre la température et de faire des pronostics sur la saison. Donc j'exige que vous donniez le maximum sur le terrain, que vous respectiez les consignes et que, pour certains, vous arrêtiez de vous prendre pour des stars. Vous n'êtes rien sans la victoire et c'est l'équipe qui fournit la victoire. Cette année, Bryant est une équipe pas mal, ils en veulent, ils vous en veulent, alors faites le job ce soir sur le terrain. C'est compris ?

– Oui, Coach ! UConn, Huskies !!!

Moins sonné que la première fois lors du match contre Bridgeport, je vivais chaque minute avec intensité et restais concentré sur mes objectifs : donner le meilleur de moi-même si par chance le coach me permettait d'entrer sur le terrain.

À 17 h, un bus aux couleurs de UConn avec le logo Huskies vint nous chercher sur le campus devant Gampel Pavilion et nous emmena au Hartford Civic Center, une infrastructure de trente mille places, classée parmi les plus grandes arènes du basketball universitaire américain. Deux heures avant le match, une foule compacte était déjà massée devant l'entrée principale. On nous fit passer par l'accès réservé aux joueurs situé sur une aile arrière du bâtiment. Une fois que nous fûmes en tenue, Calhoun fit son entrée dans les vestiaires et nous briefa de nouveau.

– Les gars, si vous commencez le match d'avant-saison avec un score serré ou une défaite, la presse ne donnera pas cher de vous ! L'équipe championne NCAA en titre qui se prend une grosse claque dès le premier match ? Montrez-moi ce que vous avez dans le ventre ! C'est parti !

En petite foulée, sur le son de *Fly Me To The Moon*, de Frank Sinatra, balancé par le DJ du stade, je pénétrai dans l'arène du Civic Center qui faisait une fois et demie l'Accor Arena. Les gradins, pleins à craquer d'une foule surexcitée et débordante d'enthousiasme, me donnaient le vertige. De chaque côté du terrain se trouvaient les supporters des deux équipes. Très ordonnés, on pouvait distinguer vêtus de blanc ou le visage recouvert de peinture blanche les supporters de UConn et en bleu les supporters de Bryant. Tout autour du terrain, assis derrière leurs pupitres, une quarantaine de commentateurs sportifs et de journalistes s'apprêtaient à suivre scrupuleusement chaque action du match, prêts à retransmettre à leur chaîne de télé ou aux auditeurs de leur État les moments clés de la soirée. De chaque côté des paniers, des photographes assis en tailleur à même le sol et équipés d'objectifs démesurés se tenaient prêts à mitrailler tandis que les cameramen effectuaient leurs derniers réglages, tels des paparazzis.

Tout était si démesuré que j'en avais l'estomac tout retourné et une envie de vomir que j'avais du mal à réprimer. Décidément, je gérais mal la pression. Mais pression de quoi ? De joueur de bout du banc ?

De chaque côté du terrain, des bancs étaient réservés pour les joueurs et le staff de chaque équipe. L'orchestre de UConn composé d'une quarantaine de musiciens, accompagné de la mascotte de l'université, un husky à taille humaine, se mit à jouer l'hymne de la fac tandis que les pom-pom girls accompagnées des Husky Boys exécutaient leur chorégraphie et des pirouettes dignes de gymnastes de haut niveau.

Lorsque la fanfare se mit à jouer l'hymne de UConn, des frissons me parcoururent l'échine. Le moment était solennel. Les milliers de supporters présents entonnèrent en chœur *Let's go Huskies !* et réalisèrent avec une synchronisation parfaite les gimmicks de la fac : U, C, O, N, N, UConn !!! Le commentateur du match présenta les joueurs qui s'apprêtaient à entrer sur le terrain et précisa leur position dans l'équipe, s'ils étaient *freshman*, *junior*, *sophomore* ou *senior* et d'où ils venaient. L'orchestre de Bryant joua à son tour l'hymne de son équipe, puis on présenta les coachs respectifs. Sur des écrans géants étaient retransmis dans leur intégralité et en gros plan la cérémonie d'ouverture et le match.

Charlie Villanueva, Josh Boone, Marcus Williams, Rashad Anderson et Rudy Gay, les joueurs titulaires de l'équipe, furent les premiers à jouer. J'étais sur le banc assis près d'Ed Nelson lorsque Hilton Armstrong me tapa sur l'épaule et me désigna quelqu'un de l'autre côté du terrain :

– Hey, c'est qui cette folle furieuse là-bas ? Tu la connais, Sami ? fit-il, hilare. Elle crie ton nom.

Je me tournai vers la personne en question et reconnus Holly. Holly, assise dans la tribune VIP réservée aux familles, fidèle à elle-même, débordant d'enthousiasme, surexcitée, toujours très excessive, portait un maillot UConn numéro 10 et brandissait une pancarte sur laquelle elle avait inscrit « SAMI AMAZING » au marqueur noir.

– Hey, Sàààmi, tu es le meilleur ! Ouais… hurla-t-elle en se levant de son siège, Sàààmi, vive Sàààmi !

Elle frappait des mains et répétait en cadence :

– Sàààmi, vive Sàààmi… Sàààmi, vive Sàààmi !

– Hahaha, Sami, mais tu as une groupie… Attention, tu vas prendre la grosse tête, me chambra Ed.

– Arrêtez les gars, c'est sa meuf, respectez-la ! fit Ryan Thompson, l'Australien de l'équipe.

– C'est beau l'amour, mais à cet âge-là c'est abusé ! charriait Hilton.

J'aurais aimé pouvoir me cacher et éviter les sarcasmes des autres car même si l'attitude de Holly me toucha, elle contribua surtout à me ridiculiser auprès de mes coéquipiers, du staff technique et, disons-le, du stade entier. Encourager si fort un joueur jouant si peu était drôle pour tout le monde mais très embarrassant pour moi. On aurait pu titrer cette séquence « Malaise aux États-Unis ».

Sur le terrain, UConn donnait un festival d'actions, de contre-attaques et de paniers spectaculaires, si bien que l'équipe menait déjà de trente points et que Bryant se prenait une sacrée raclée. Dans les gradins côté Huskies, la foule exultait tandis que les commentateurs se régalaient. Sur le banc, Calhoun restait impassible. Pour lui, battre cette équipe était une formalité, il ne montrait aucun signe de contentement. Dès qu'un joueur se réjouissait de sa performance, il le remettait à sa place : « Tu es content de toi ? Mais ils sont nuls en face, reste humble ! »

Avec trente points d'écart en notre faveur, je trépignais d'impatience. Je voulais jouer, cela me démangeait et j'étais de plus en plus frustré de devoir rester passif. Je guettais les temps morts pour me rapprocher du banc du staff via un jeu de chaises musicales en adoptant la technique du crabe pour grapiller des places et me retrouver ainsi dans le champ de vision de Calhoun. S'il me voyait, j'étais certain qu'il aurait l'idée de me faire jouer. Hélas, à chaque fois, les gars étaient plus rapides que moi et se rasseyaient en reprenant leur place, je me trouvais alors relégué en bout de banc. Je lançais des regards appuyés en direction de Calhoun et de Sellers pour signaler ma présence comme un dragueur lourdingue. Moi aussi je voulais prendre part à l'euphorie collective. Hélas, Calhoun m'ignora complètement.

Persévérant, je me retrouvai quelques temps morts plus tard près du banc des coachs, ce qui attira l'attention du coach LaFleur, l'un des assistants de Calhoun. Il me fixa du regard, fit un signe de la tête à Jason Baisch, le capitaine de l'équipe, et lui parla à l'oreille. La roue était peut-être en train de tourner…

Ce dernier acquiesça puis se dirigea vers moi et me prit à part :

– Sami, tu te souviens de ce que je t'ai dit ? Tu es un walk-on, tu ne peux pas t'asseoir sur le banc à côté des coachs, c'est interdit ! Tu dois t'asseoir là, fit-il en désignant du doigt le bout du banc, près de Ted Taigen, le responsable des étudiants athlètes qui m'avait recalé pour cause d'allure sportive aléatoire.

– Comment ça, je ne peux pas m'asseoir là ? Mais je fais partie de l'équipe !

– Mec, il y a une putain de hiérarchie dans cette équipe et tu dois la respecter ! Seuls les joueurs titulaires peuvent s'asseoir à côté des coachs. Toi, tu fais partie de la yellow team, donc tu dois supporter l'équipe, et encourager les gars, OK ? Sois content d'être là déjà !

Vexé, Jason retourna du côté des coachs tandis que je rongeais mon frein en silence.

À cinq minutes de la fin du match, Calhoun décida d'accorder du *garbage time* * aux joueurs de la yellow team. UConn menant largement contre Bryant, il ne prenait pas vraiment de risque. D'un geste de la main, il signifia à Jason d'entrer sur le terrain. Je me lamentai sur mon sort.

J'étais le seul avec Nick à ne pas avoir joué… Nick Forostoski, que les joueurs de l'équipe appelaient aussi Nose à cause de son nez immense et crochu à la Zlatan Ibrahimović, faisait partie

---

* Temps de « poubelle ».

de la yellow team au poste d'ailier intérieur. Il était le souffre-douleur officiel des intérieurs de l'équipe. Dès que les coachs avaient besoin d'un *sparring partner* * à tabasser au rebond ou prêt à se prendre des dunks sur la tête, ils faisaient appel à Nick.

À deux minutes de la fin du match, alors qu'il me semblait évident que je n'allais pas jouer, Calhoun se pencha vers son assistant, George Blaney, me désigna du regard et lui lança :

– Et si on faisait entrer ce mother fucker ?

– Sami, s'écria Coach Blaney, sur le terrain ! Tu remplaces A.K.

Je n'en croyais pas mes oreilles. Calhoun me donnait enfin la chance de jouer ! Mon émotion, palpable, n'échappa pas à mes coéquipiers assis sur le banc. Ils m'encouragèrent, les uns machinalement, les autres avec de la raillerie dans la voix. Je passai devant Calhoun en me confondant en remerciements… toujours avec ce salut de judoka perdu et ridicule.

– Oh, merci Coach Calhoun, merci beaucoup ! dis-je, les yeux brillants de reconnaissance.

Je courus vers le point de remplacement pour gagner de précieuses secondes et signifier ma prochaine entrée en jeu aux officiels. À la table de marque, je levai la main pour taper dans celle de A.K. afin d'entériner le changement, mais celui-ci, mécontent de sortir du terrain, esquiva mon geste. Ma main resta suspendue en l'air. Charmant… Mon second vent de l'année après l'épisode « Chelsea et les bananes magiques »…

Le speaker lança :

– Changement pour UConn. A.K. qui a fait un très bon match est

* Partenaire d'entraînement.

remplacé par un walk-on qui vient de Saint-Denis, France, Saaami Amezaiiani !

Le commentateur officiel du Hartford Civic Center ne sut comment prononcer mon nom de famille, il se mit à baragouiner un nom vaguement ressemblant. Pas grave. Entendre « Saint-Denis » dans la bouche d'un commentateur américain pour annoncer mon entrée, c'était Byzance !

À peine arrivé sur le terrain, je récupérai le ballon sur une remise en jeu, puis annonçai le système *two*, un schéma tactique vu lors de nos entraînements consistant à faire monter les intérieurs en tête de raquette. Je donnai la balle à Charlie Villanueva puis me décalai dans le coin gauche du terrain. Sur une passe à l'aile de Ryan Thompson qui fixa la défense adverse, il me ressortit la balle. Seul dans le coin, je pris un tir à 3 points. Bingo ! 3 points pour UConn et la salle se leva d'un coup ! Des frissons me montèrent jusqu'aux oreilles !

Dans les gradins, le public pro-UConn exulta, sur les bancs mes coéquipiers se levèrent comme un seul homme, crièrent et agitèrent leurs serviettes. Dans la tribune VIP, Holly sauta de joie en hurlant comme une damnée, prête à lever la jambe à la façon des pom-pom girls. Les assistants coachs esquissèrent un rictus. Seul Calhoun restait impassible.

Je n'en revenais pas d'avoir marqué aussi vite et de susciter d'un coup d'un seul une telle hystérie collective.

Je me revis six mois plus tôt jouant dans la salle de Beauregard à Poissy devant quelques dizaines de personnes… et là, j'étais aux États-Unis, dans un stade de fou, avec le regard de trente mille spectateurs braqué sur moi, et une ambiance délirante…

Pour peu, mon cœur aurait cessé de battre.

Une montée d'adrénaline me parcourut, le shoot à 3 points et la foule en délire me galvanisèrent, j'avais la chair de poule. Je réalisai ma chance d'être là et, contrairement à la rencontre avec Bridgeport, j'étais dans le match et me sentis enfin à l'aise

Je repris en défense agressive sur le meneur d'en face qui dribblait dans son demi-terrain. Ayant remarqué au cours du match qu'il était piètre dribbleur côté gauche, je décidai de tenter une interception sur son dribble renversé au moment de sa montée de balle. Je parvins à la lui voler sans faire faute et partis à toute vitesse vers le panier pour faire un *lay up* * et marquer deux points supplémentaires. La foule se leva et hurla à nouveau. En trente secondes, je venais de marquer cinq points à moi tout seul. Les commentateurs sportifs étaient interloqués.

– Mais que se passe-t-il avec ce walk-on à UConn ? C'est complètement fou !

– Ce walk-on est juste incroyable ! Mais qui est-ce ? Il n'a même pas de nom sur son maillot ! Vous avez vu ?

– Alors j'apprends qu'il est français et qu'il s'appelle Sami. Sami No Name !

– En fait, il s'appelle Sami Amézanaï… Amézine… Améziani… Je n'arrive pas à prononcer son nom ! Mais il a marqué cinq points en trente secondes !

– He's just AMAZING ! ** OK, il s'appellera Sami AMAZING dorénavant !

---

* Double pas.

** Il est juste époustouflant !

En tant que petit Frenchie arrivé là comme un cheveu sur la soupe, je vivais un véritable rêve éveillé, non pas celui d'avoir marqué et d'être acclamé par des milliers de personnes, mais celui d'avoir vaincu mes propres barrières et mes inhibitions.

Le buzzer retentit. Notre équipe venait de gagner à 90 contre 65. Après les félicitations de rigueur, nous allâmes serrer la main de nos adversaires du jour puis nous nous réunîmes au centre du terrain pour un cri de victoire et saluer le public dans cet élan de joie. Nous nous dirigeâmes ensuite vers les vestiaires.

– Bien joué, Sami, me félicitèrent Charlie et Ryan.

– Bravo, mec ! enchaîna Nick.

– Pas mal, me dit Patrick Sellers.

Puis la voix stridente de Holly m'interpella depuis la tribune :

– Sààâmi, Sààâmi, tu as été fantastique !!! fit-elle en dansant… et toujours en me foutant la honte.

Je me retournai et lui fis un signe de remerciement. Je me dirigeai vers les vestiaires lorsque Marcus Williams et A.K., les meneurs, titulaire et remplaçant, arrivèrent à ma hauteur.

– C'était vraiment un match bidon, même lui a marqué, c'est grave ! lança Williams en me désignant.

– Regarde comme il est content, c'est le plus beau jour de sa petite vie de merde. Pfff, il fait pitié ! renchérit A.K. Et mate sa vieille meuf, la folle du village ! Hahaha, complètement tarée !

– Chauffe pas trop, mon gars, balança Williams, c'était un match de pré-saison, ça ne compte pas, alors si tu crois que tu vas jouer pendant la saison, enlève-toi ça de la tête tout de suite, buddy ! Les titulaires, c'est nous !

– Tranquille, mec, je suis au courant ! Pas de souci, on est ensemble, répondis-je pour calmer le jeu.

Josh Boone intervint :

– Les écoute pas, mon pote, t'as fait du bon boulot ! Tu peux être fier de toi !

Dans le vestiaire, Calhoun fit un discours d'après-match très bref. Il ne nous félicita pas pour la victoire mais souligna les points faibles et les choses à retravailler en vue du match suivant, puis Patrick Sellers annonça dans un grand sourire :

– Les gars, j'ai quelque chose pour vous… Meal money, baby ! La prime de repas !

Il distribua cent dollars à chacun.

– Euh, pourquoi il nous donne tout ça ? demandai-je à Josh.

– C'est la prime de repas. On nous donne ça après chaque match pour manger.

– Et tu y auras droit à chaque fois, même si tu ne bouges pas tes fesses du banc ! glissa Nick, rieur.

Cent dollars à chaque match, voilà qui renflouerait un peu mes finances.

Le soir, une fois seul dans ma chambre, je réalisais réellement quelle journée extraordinaire je venais de passer et m'endormis des étoiles plein les yeux, encore sur mon nuage. Je voulais que mes journées soient toutes identiques à celle-ci, je faisais le vœu que chaque jour la rage de gagner, d'apprendre et d'avancer me transporte et me fasse accomplir des exploits. À cet instant, je pensais à ma famille, à mes amis, aux êtres chers avec lesquels j'aurais tant aimé partager toute cette magie. Sûr que si je leur racontais cette folle journée, ils ne me croiraient jamais.

Cette nuit-là, vidé, je dormis d'une traite, d'un sommeil lourd et profond. Je sombrai dans un état de bien-être absolu, je vivais mon rêve français en américain… ou mon rêve américain en français…

Le lendemain, dans le bus qui assurait la liaison entre les chambres universitaires et les différents bâtiments de la fac, je remarquai que quelque chose avait changé.

J'avais l'étrange impression que tous les regards étaient braqués sur moi. Je me faisais un film à coup sûr… En descendant du bus, je m'arrêtai devant une vitrine pour vérifier mon reflet. Je faisais souvent le même cauchemar : je me rendais à un rendez-vous important et constatai une fois sur place, lorsqu'il était bien trop tard pour faire demi-tour, que j'étais pieds nus, en chaussons ridicules ou en chaussettes.

Mais non, tout allait bien : pas de trou à mon pantalon, des chaussures identiques, pas de furoncles sur la face… Ma coupe, comme d'habitude, improbable.

Plus la matinée avançait et plus je constatais que des étudiants que je ne connaissais pas me souriaient ou me saluaient par des « Hi, Sami! ». Les jolies filles du campus qui n'avaient pas eu un regard pour moi jusqu'ici me lançaient des œillades pleines de promesses.

Incompréhensible… Ou la magie du sport aux États-Unis.

Tout s'éclaircit au déjeuner. Tandis que j'étais attablé avec Ed Nelson et Ryan Thompson, Jennifer, tout excitée, se précipita à la table des Français, le journal du campus à la main.

– Eh, les mecs, s'exclama-t-elle, vous avez vu ? Sami est en première page du journal !

De ma place, je vis que je figurais en gros plan sur la couverture de *Inside Connecticut.* Mes compatriotes découvraient la Une du journal avec des réactions mitigées.

– C'est un montage, s'exclama Jonathan, sceptique.

– Ben ouais, c'est grillé, renchérit Julien.

Alix les fit taire.

– N'importe quoi ! Vous n'avez pas vu le match hier à la télé ? C'était retransmis sur la chaîne du Connecticut !

– Un match ? Quel match ? demanda Julien.

– Eh ben, on n'aurait pas dit en le voyant comme ça… fit David.

– Comme je suis fière ! conclut Jennifer ! C'est un Français, les gars ! C'est notre ambassadeur ! Trop classe !

Voilà qui me vengeait de leurs sarcasmes du début. C'était tellement jouissif de les voir blêmir de loin…

Je récupérai discrètement l'article laissé sur une table voisine pour le lire consciencieusement. *Inside Connecticut* me faisait figurer parmi les *highlights*, les meilleurs moments du match, et me consacrait sept pleines pages avec plusieurs photos. Holly avait été interviewée, je découvris ses propos :

– Amazing, c'est moi qui l'ai découvert ! Il est venu à mon salon de coiffure et j'ai tout de suite repéré son potentiel ! Il m'a d'ailleurs nommée manager de sa carrière !

« Merde ! pensai-je. Les gars de l'équipe avaient raison alors, Holly est complètement folle et raconte beaucoup de conneries… Pas grave, si je suis là, c'est grâce à elle ! »

Plus la journée passait et plus on me félicitait, certains allant même jusqu'à s'autoriser une petite tape amicale sur mon épaule ou me serrer la main.

Cette soudaine notoriété sur le campus me parut singulière, et j'eus au début un peu de mal à m'y habituer. En France, tout ce que je faisais s'inscrivait dans une relative discrétion. La seule fois où j'avais connu un semblant de popularité avait été lors de ma participation au championnat arabe des nations. Faisant alors partie de l'équipe nationale algérienne, les matchs étant retransmis sur certaines chaînes du câble, dont Algerian TV et Berbère TV, j'avais alors fait la fierté du village natal de mes parents kabyles et les avais rendus provisoirement populaires lors de leurs escapades dominicales au marché de Saint-Denis. Ce n'était hélas pas assez pour avoir la cote avec les meufs, américaines de surcroît…

Très vite, mon quotidien changea et je devins aussi populaire que les joueurs titulaires de l'équipe, la French touch en plus. Lorsque je recroisai Chelsea, elle me considéra avec une sorte d'admiration dans le regard, malgré l'épisode des bananes fuyantes…

– Hey, comment va notre Husky français ? dit-elle en me « huggant ».

N'ayant pas encore l'habitude du *hug* typiquement américain — je trouvais étrange le principe de faire ainsi un câlin à une connaissance ou à un parfait inconnu et j'en étais gêné à chaque fois —, j'allai lui faire la bise et me retrouvai presque à lui embrasser l'oreille. Elle se détacha de notre accolade et me regarda un peu surprise et gênée.

– Hey, Chelsea, quoi de neuf ? enchaînai-je l'air de rien. Ça te dirait d'aller dîner vendredi soir en tout bien tout honneur ?

Ayant gagné en assurance ces derniers jours, je m'étais jeté à l'eau sans réfléchir.

– Oh mais avec plaisir, Mister Banana !

Hum, finalement je n'avais peut-être pas encore gagné autant de points que je l'imaginais…

Le vendredi suivant, je lui donnai rendez-vous au restaurant chinois du campus. Elle arriva très apprêtée tandis que j'avais fait un effort en troquant mes baskets contre des chaussures de ville. Depuis mon arrivée dans le Connecticut, j'avais remarqué que le *Casual Friday* * avait un sens pour les hommes américains qui ce jour-là ne soignaient pas du tout leur mise et se permettaient de porter des baskets, contrairement aux étudiants étrangers qui étaient, de fait, aisément reconnaissables, vêtus d'une veste de costume ou cultivant, comme moi et malgré eux, un style à part, souvent propre à leur pays.

– Qu'est-ce qui te ferait plaisir ? dis-je en parcourant le menu.

– Des nouilles sautées au poulet.

– Bonsoir, je suis Naam, et ce soir c'est moi qui vais m'occuper de vous ! Comment allez-vous ?

Sans même attendre la réponse, le serveur sino-américain enchaîna :

– Vous avez choisi ? Puis-je prendre votre commande, mes amis ?

---

* Vendredi décontracté.

J'avais de plus en plus de mal avec les serveurs américains qui en faisaient des tonnes et j'en arrivais presque à regretter le serveur français qui fait tout le temps la gueule.

– Alors on va prendre des nouilles sautées au poulet, des nems, du poulet au basilic et du riz.

– Très bien, parfait. Et que souhaiteriez-vous boire, mes amis ?

– Deux verres de vin blanc.

– Vous avez une pièce d'identité, mes amis ?

– Pardon ?

– Aux États-Unis, il est interdit de vendre de l'alcool aux personnes de moins de vingt-et-un ans, mes amis.

– J'ai laissé ma carte dans ma chambre… répondis-je, mais j'ai vingt-cinq ans !

– Ah, désolé Monsieur, pas de carte pas d'alcool, mes amis.

– Très bien. En France : pas de vin, pas de *tip* à la fin, mon ami ! Pour un ami, tu pourrais nous laisser commander ce qu'on veut quand même, mon ami !

Heureusement, Chelsea sortit son permis de conduire et nous sauva la mise. Nous pûmes trinquer à notre sympathique soirée.

– Où as-tu appris à parler aussi bien le français ?

– J'ai appris en regardant *Pépé le Piout*, le putois français qui pue.

– Ah ben, sympa pour nous ! fis-je en riant. C'est ça l'image que vous avez de nous en Amérique ?

Nous venions à peine de commencer notre conversation que le serveur réapparut et nous interrompit, comme il le ferait toutes les trois minutes qui allaient suivre.

– Ça va, tout se passe bien, mes amis ?

– Oui, oui, très bien, merci, ça va maintenant !
– À cause de ce dessin animé, reprit Chelsea, les Américains pensent que les Français sont sales et ne se lavent pas.
– Oh, rassure-toi, je ne me lave que pour les grandes occasions, comme le *date* * de ce soir par exemple !
– Ah, parce que ce soir, c'est un date ?
– Non, je plaisante, bien sûr. Je ne veux pas aller en prison.
– Ça va, vous n'avez besoin de rien, mes amis ?

Trois minutes à peine venaient de passer.

– Nouilles sautées au poulet et poulet au basilic. Et voici le riz. Il vous faut autre chose, mes amis ?
– Non ! dis-je d'un ton légèrement exaspéré, n'en pouvant plus de celui que j'appelais désormais Monsieur Mes Amis.

À ce rythme, tenir une conversation s'annonçait compliqué.

– Euh, pour toi, alors, ce soir, ce n'est pas un date ?
– Sami, répondit-elle en riant, je vais t'expliquer comment ça se passe ici aux États-Unis. En général, il y a trois étapes. Première étape : tu invites la fille à boire un verre. On se voit, on sirote notre verre, on discute, on se regarde dans les yeux et on rentre chez soi chacun de son côté. Deuxième étape : tu invites la fille à dîner. On se voit, on dîne, on fait plus ample connaissance, on se regarde encore dans les yeux plus profondément puis on rentre chez soi, toujours chacun de son côté. Troisième étape : on se revoit et là, si la fille a accepté ce troisième rendez-vous, tu peux l'embrasser et on rentre chez soi, chez toi ou chez moi…

---

* Rendez-vous amoureux.

– Hahaha… Bonjour le parcours du combattant ! Mais c'est une arnaque cette histoire de date ! Ça paraît romantique mais c'est plus robotique qu'autre chose.
– La règle aussi, c'est que le garçon vienne chercher la fille en voiture chez elle et, évidemment, c'est lui qui paie à chaque fois. Mais, dit-elle, en se rapprochant dangereusement de moi et en parlant plus bas, vu que nous en sommes déjà à l'étape deux, on pourrait passer directement à l'étape trois.

Tandis que, bouche bée, je ne sus que répondre vu la tournure que prenaient les choses, une voix nasillarde se fit entendre dans mon dos.
– Oh, mais qui vois-je ? Ne serait-ce pas Sàààmi Amazing qui est là ! Comment ça va, Sàààmi ?

Je me retournai et découvris ma coiffeuse préférée.
– Holly !!! Qu'est-ce que tu fais là ?
– Je me suis dit, tiens, c'est vendredi soir, et si j'allais nous chercher un repas chinois ?… Hé, bonsoir, je suis Holly, le manager de Sàààmi, fit-elle soudain à Chelsea. Qui êtes-vous ?
– Je m'appelle Chelsea, je suis étudiante à UConn, je suis une amie de Sami… Et vous, vous êtes la coiffeuse du campus, je vous reconnais… Je vous ai vue dans les tribunes…
– En fait, c'est grâce à Holly que j'ai pu entrer dans l'équipe, elle m'a obtenu un rendez-vous avec le responsable des athlètes.
– C'est exact, et demain tu as entraînement assez tôt, donc il ne faut pas te coucher trop tard ce soir !

Elle accompagna cette phrase d'un regard appuyé et désapprobateur sur Chelsea, tout en secouant la tête de façon vulgaire pour marquer son mécontentement.

– Bon, de toute manière, il est tard, on ne va pas tarder… fit Chelsea, visiblement agacée.

Je n'eus pas le temps de répliquer qu'elle se levait déjà, enfilait son manteau et prenait congé.

– Je n'aime pas du tout sa façon de se maquiller à celle-là, Sàààmi ! Elle est vulgaire.

– Putain, c'est exceptionnel, je suis chaperonné par Holly… marmonnai-je.

– Que dis-tu, Sàààmi ?

– Non, non, rien !

– OK, maintenant rentre te coucher, Sami. Il faut que tu sois en forme pour donner le meilleur de toi-même ! Ce n'est pas tout le monde qui joue dans l'équipe des Huskies de UConn, tu sais… Tu as passé combien de temps avec elle ?

– Je ne sais pas, répondis-je, interloqué par sa question indiscrète. Peut-être deux heures.

– C'est deux heures que tu aurais pu passer à améliorer ta technique… Ton tir à 3 points, par exemple. Tu es infaillible au tir à 3 points ? Tu en rates encore ? Donc, tu devrais passer des heures à t'entraîner à tirer. C'est la marque des grands, Sàààmi ! Tu sais combien de personnes dans le monde rêvent d'être à ta place ? Reprends-toi, Sàààmi ! Tu peux créer la surprise ici, ne gâche pas ta chance !

– Sûr… fis-je, pensif.

Holly venait d'en marquer, des points. Personne ne m'avait parlé comme ça depuis mon arrivée à UConn. Et ça faisait du bien.

Je n'eus pas l'occasion de refaire un date avec Chelsea car le basket ne me laissa plus aucune liberté. Outre qu'il me fallait m'adapter à un rythme d'entraînement particulièrement intense, je devais assimiler les techniques, la précision, la rapidité de jeu, et apprendre à comprendre mes coéquipiers qui s'exprimaient en argot dans des accents inintelligibles comme l'accent texan, celui de la Nouvelle Angleterre ou l'accent australien.

Un samedi soir, tandis que je me reposais dans ma chambre, je reçus un coup de téléphone de David, un des Français moqueurs du groupe, ce qui ne manqua pas de me surprendre.

– Sami, ça va ? Ça te dit de bouger avec nous ce soir ? Il y aura Julien, Jonathan, les filles… ça va être sympa !

– J'aurais bien aimé, David, mais j'ai prévu d'aller m'entraîner ce soir.

– Allez, juste une fois, pour nous faire plaisir, ça fait longtemps qu'on ne t'a pas vu au Gym.

– Je sais, mais franchement, là, j'ai du taf.

– OK, bon ben tant pis. En tout cas, on est tous super fiers de toi.

Continue de nous représenter ! Et vive la France !
– Hahaha… Ouais c'est ça, vive la France ! Mais avec ou sans toi ? dis-je en riant et en raccrochant.

J'appelai Ben, mon fidèle assistant.
– Ça va, Ben ? On se retrouve à 23 h à Gampel ?
– OK Sami, mais je suis désolé, aujourd'hui c'est samedi et je ne vais pas pouvoir rester très longtemps.
– Reste le temps que tu pourras, ce sera déjà génial !

Je n'hésitais pas à solliciter Ben pour m'entraîner à tirer et faire le ball boy à Gampel. De fait, il ne me consacrait pas autant de temps par pur bénévolat ou par amitié. Aux États-Unis où tout était très professionnalisé, toutes ses heures passées à aider l'équipe étaient comptabilisées dans son cursus universitaire au même titre que les cours, l'avantage étant qu'il bénéficiait en plus de la notoriété des Huskies et pouvait mettre en avant une réelle expérience et de solides références. Autre avantage non négligeable, lorsqu'en soirée il évoquait son rôle d'assistant de l'équipe, il avait automatiquement la cote avec tout le monde, y compris avec les filles. *Basketball team* était le mot magique qui permettait d'ouvrir de nombreuses portes.

Sur le terrain, je dribblais et shootais inlassablement. Ben m'envoyait la balle sans discontinuer, augmentait la cadence, m'encourageait sans relâche. Il était le rêve de tout basketteur, un ramasseur de balles ultra motivé, un régulateur et un excellent coach sportif.
– Allez Sami, c'est bien, continue ! OK, reprends ton souffle et on repart pour une petite série de dix. Tu as fait le plus dur, Sami, allez, ne lâche rien, continue comme ça ! Oui !!! Tu dois être à cent pour cent. Tous les grands s'entraînent dur comme ça. Inscris-toi dans la légende. Encore ! Plus vite ! Encore plus vite !

Au bout d'une heure trente à ce rythme soutenu, Ben me demanda s'il pouvait partir.

– Je suis désolé Sami, mais comme c'est samedi soir, j'avais prévu de sortir pour une fois.

– Non, non, Ben, pas de problème, va t'amuser… Je vais rester encore un peu…

Lorsque les rebonds cessèrent, le silence sembla amplifié par l'immensité du lieu. Resté seul dans le stade, je levai la tête vers le ciel pour admirer les drapeaux des victoires de UConn, c'était impressionnant. Je jouais dans la salle de toutes ces gloires légendaires, et c'était encore plus motivant. Un sentiment de « tout est possible » et « le travail paie » me remit en selle pour continuer à m'entraîner dur. Concentré, je repris les shoots à 3 points et travaillai ma précision lorsque je fus interrompu.

– Hé, toi là-bas, qu'est-ce que tu fais là ?

Je levai la tête et balayai du regard les immenses gradins pour repérer d'où provenait la voix. Elle répéta :

– Hé, qu'est-ce que tu fais là, je t'ai dit ?

J'aperçus alors deux policiers, un homme corpulent et une femme, l'air pas commode du tout.

– Tu n'as pas le droit d'être ici, c'est interdit !

– Quoi ?

À une telle distance, avec l'écho, je ne comprenais pas bien ce qu'ils me disaient.

– Je m'entraîne, affirmai-je en reprenant mes dribbles.

– Tu n'as rien à faire ici à cette heure-ci ! s'énerva la femme. Arrête avec cette balle !

– Tranquille… Je m'entraîne, je fais partie de l'équipe !

– Quoi ? Tu fais partie de l'équipe ? Toi ? Non, c'est impossible. Tu sors d'ici tout de suite !

Me sachant dans mon bon droit, je continuai à mettre des paniers et à les ignorer.

– Lâche cette balle immédiatement et arrête de te foutre de nous !

La situation était ubuesque, j'étais de bonne foi mais je ne pouvais pas le prouver… Qui plus est, ma tenue de ce samedi soir, une tenue d'entraînement made by Sami, me donnait l'air de tout sauf d'un joueur universitaire des Huskies. Et je n'avais pas de carte de membre des Huskies à leur présenter…

– Je vous jure que je suis dans l'équipe ! criai-je, distant d'eux d'une trentaine de mètres.

– Bon, maintenant, ça suffit, stoppe cette balle et dirige-toi vers la sortie ! fit l'homme en posant la main sur son arme.

Sûr de moi, j'eus, l'espace de quelques secondes, l'envie de m'amuser à leurs dépens.

– Hey, ce n'est pas par là, la sortie ! Tu vas où ? hurla-t-il.

La femme devenant de plus en plus nerveuse posa elle aussi la main sur son arme. C'est alors que je me mis à courir en dribblant avec le ballon en direction des vestiaires… Une mauvaise idée. Ils se mirent à me poursuivre tant bien que mal. Je voulais juste, ce faisant, qu'ils voient mon casier avec ma photo et mon nom. Parvenu aux vestiaires, je composai le code à toute vitesse sur le digicode et m'y engouffrai. Ils me rattrapèrent au moment où la porte se referma et hurlèrent :

– Ouvre la porte ! J'appelle du renfort.

De derrière la porte, j'entamai un dialogue avec eux pour négocier ma sortie :

– Mais je vous dis que je suis dans l'équipe !
– Ouvre la porte, petit, tu vas avoir de gros problèmes, c'est du cambriolage ce que tu es train de faire !
– Je vous jure que je suis dans cette équipe de basket ! Sur le banc mais dans l'équipe.
– Mais arrête de raconter n'importe quoi ! Tu ne ressembles pas à un basketteur. Comment tu t'appelles ?
– Sami Améziane. Je suis français et je suis dans l'équipe.
– Quoi ?
– Sami Améziane

Le gros flic reprit son talkie-walkie et appela le poste de police.

– Les gars, nous avons un problème à Gampel. Un individu s'est introduit dans les vestiaires des Huskies et il s'y est enfermé, je pense que c'est un fan qui effectue un cambriolage.
– Mais puisque je vous dis que je suis dans l'équipe de basket de la fac !
– OK, je comprends rien à ce qu'il raconte. Il dit que c'est un joueur des Huskies. OK, quel est ton nom alors ?
– Mais je vous l'ai dit : Sami Améziane.
– Avons-nous dans l'équipe de basket un Sami Amezayani ?
– Améziane ! A-Mé-Ziane… articulai-je.

Le talkie-walkie crépita.

– Oh, Améziane ! Oui, c'est un joueur en effet, c'est le Français qui joue avec UConn, il a même marqué contre Bryant, c'est vrai, il est dans l'équipe !
– Ah OK, entendis-je le flic répondre à son collègue. Il est bien dans l'équipe, c'est bon. Désolé, tu peux ouvrir la porte, gamin, nous avons confirmation que tu es dans l'équipe de UConn !

Je composai le code pour ouvrir la porte des vestiaires, les flics me toisèrent et à ma grande surprise, la seconde qui suivit, l'homme me retournait et me passait les menottes.

– Ici, aux USA, quand un flic te demande d'arrêter de faire quelque chose, tu dois écouter, tu as commis un délit de fuite, tu vas venir avec nous au poste !

– Mais vous m'arrêtez parce que je m'entraîne ? Mais c'est fou, ça !

Ils me firent marcher vers la sortie de Gampel puis se mirent à rire :

– Relax, mec ! Nous aussi on peut être joueur, tu vois… dit-il, hilare.

Ils m'ôtèrent les menottes et me libérèrent en me souhaitant bonne chance pour la saison. Et une petite frayeur de plus avec cette petite blague de flics américains ! Tant qu'ils ne me tiraient pas dessus…

Le mois de novembre passa très vite. Après les matchs d'exhibition, nous entrâmes dans le vif du sujet avec les premiers matchs du championnat de la Big East Conference contre Buffalo et Florida International, deux grosses universités américaines. Pour ces deux matchs, je me tuai aux entraînements, assurant une défense acharnée pour permettre aux gars la meilleure préparation possible. Quelques jours avant le match contre Buffalo, Bill, le responsable administratif de UConn, vint me voir.

– Sami, tu veux être freshman, junior ou senior ?

Je ne compris pas sa question. Âgé de vingt-cinq ans et étant le plus âgé de l'équipe, j'avais déjà eu droit à des réflexions de certains fans du genre :

– Sami, c'est dingue comme tu fais plus vieux que les autres à la télé, trop marrant, surtout quand t'as ta barbe de trois jours…

Ou plus moqueuses :

– Toi t'es universitaire ? OK, et moi je suis la Reine d'Angleterre !

Assurément, passer pour un freshman, un première année, semblait difficile. Aussi répondis-je senior.

J'ignorais que je venais de me tirer une balle dans le pied et que plus tard je le regretterais amèrement.

Pendant le match contre Florida où notre équipe menait largement, un événement dont je me souviendrais toute ma vie eut lieu. Alors que les supporters de UConn, surexcités, scandaient quelques slogans à l'attention de mes coéquipiers, Nick Forostoski se pencha vers moi :

– Eh ben, t'as la cote, toi, dis donc !...

– De quoi tu parles ?

– T'entends pas les supporters ? Ils te réclament depuis tout à l'heure.

C'était donc ça le truc inaudible en anglais, cette phrase que je n'avais pas comprise à cause de cet horrible écho, trop absorbé par les actions de mes coéquipiers et par mes prières silencieuses à Calhoun de m'accorder du temps de jeu.

– Ils disent « WE WANT SAMI », répéta Nick en prenant soin de bien articuler. Ils te veulent sur le terrain, mon pote, la foule te réclame...

C'était bien la première fois que quelqu'un scandait mon nom ! Et là, cette foule de dix mille voire quinze mille personnes, je ne savais pas, qui s'égosillait avec autant de passion !... J'en eus la chair de poule.

– Eh ben, s'exclama Jason depuis le bout du banc, quel succès !

C'était grisant et complètement délirant. Depuis le match contre Bryant où j'avais joué deux minutes, j'étais devenu, semblait-il, la coqueluche des supporters de UConn.

Pourtant ni leur insistance, ni mes regards appuyés ne firent fléchir Calhoun. Pour ces deux matchs, il m'oublia sur le banc et ne me donna pas de temps de jeu. Je rongeai mon frein en me disant qu'il faudrait travailler deux fois plus et progresser plus vite afin d'avoir une nouvelle chance de jouer. En tout cas, ce soir-là et depuis lors, des lobbyistes pro-Sami avaient investi la salle. Un luxe !

Avec le temps, je me rapprochai de Ryan Thompson, Ed Nelson, Nick Forostoski, Martin Gagne de la yellow team, et de Charlie Villanueva. Avec d'autres coéquipiers, j'entretenais des rapports très amicaux et avec certains des rapports simplement cordiaux mais assez superficiels. Ma relation avec Marcus Williams était moins claire vu que je me positionnais un peu comme un rival, le pire de tous étant A.K., la racaille de l'équipe, un drôle d'oiseau. Outre qu'il cherchait constamment des noises à tout le monde — il n'était pas rare que nous en arrivions aux mains lui et moi —, il était d'une bêtise notoire et ne tarderait pas à en faire les frais.

Un vendredi soir, après l'entraînement, Ed me proposa de sortir.

– On a prévu d'aller au Ted's avec Ryan, tu viens avec nous ?

– C'est sympa les gars, mais je pense que je vais me reposer ce soir.

– Hé mec, profite un peu. T'es aux States... T'es une star, tu peux pécho qui tu veux et tu vas te reposer un vendredi soir, t'es sérieux, toi ?

– Allez, viens avec nous, tu vas voir, ça va être cool, crois-moi...

Je n'étais pas du tout un adepte des discothèques et la danse n'était pas la discipline dans laquelle je me sentais le plus à l'aise, mais je cédai. Après tout, j'étais peu sorti depuis mon arrivée et l'expérience pourrait être culturellement aussi intéressante que la première sortie avec Chung, mon voisin de dortoir. Elle le fut.

À peine arrivés à l'entrée de la boîte, les gens qui patientaient dans la longue file d'attente nous firent une haie d'honneur et nous applaudirent.

Je regardai Ed, surpris, mais il semblait parfaitement à l'aise, comme si ce traitement lui était dû naturellement. Il continuait de progresser avec désinvolture vers la boîte du campus. Une fois à l'intérieur, le staff nous installa à la meilleure table tels des people et nos consommations furent offertes par la maison. Bientôt, les filles les plus sexy de la soirée se retrouvèrent à notre table et firent tout pour nous aguicher et s'attirer nos faveurs. L'occasion étant culturellement inédite pour moi, je profitai de l'instant, légèrement grisé par cette soudaine starisation, sans en être dupe.

– Tu vois que tu as bien fait de venir avec nous, me glissa Ed.

– Ah ça, c'est sûr que ça change de ma chambre estudiantine…

– En tant que Husky, mon pote, tu es au top du top. Ici, à UConn, on est au-dessus de tout le monde, même les fraternités et les sororités sont en-dessous de nous !

– Imagine-toi, tu es un basketball player, tu fais partie de l'équipe des Huskies et tu es blanc. Tu es un genre de surhomme, mon pote.

C'était la première fois qu'une personne de mon entourage, qui plus est de mon âge, se désignait, et me désignait au passage, par le terme de blanc en opposition à noir. J'avais d'ailleurs remarqué que les blancs et les noirs de l'équipe ne se mélangeaient pas trop. Les blancs sortaient entre eux et les noirs restaient entre eux, et moi, je me retrouvais au milieu de tout ça, réfractaire à l'idée de devoir choisir un camp, déconnant aussi bien avec Ed Nelson qu'avec Denham Brown ou Charlie Villanueva. À Saint-Denis, j'avais des potes de toutes origines ethniques, et l'idée qu'un blanc puisse se positionner par rapport à un noir m'était inconcevable et me mettait mal à l'aise. Ce soir, je prenais de plein fouet que certains Américains, sans doute encore empreints de l'époque esclavagiste, étaient toujours convaincus de leur supériorité. À l'inverse, les noirs de l'équipe s'appelaient entre eux *nigger*, ce qui ne manquait pas de me surprendre car jamais en France, entre potes arabes, il ne nous serait venu à l'idée de nous traiter de bougnoules ou de bicots, sauf en cas d'intense énervement… Cependant cette appellation était strictement réservée aux noirs entre eux. Qu'un blanc s'avise de traiter un noir de *nigger* et il se faisait aussitôt casser la gueule.

Mes coéquipiers profitaient donc de tous ces petits avantages pour s'amuser mais, à vrai dire, comment leur en vouloir ? Difficile de ne pas se prendre au sérieux quand partout où vous allez on vous acclame, on vous idolâtre, on met systématiquement ce qu'il y a de mieux à votre disposition. Les fans se peignaient le corps aux couleurs des Huskies, ils se mobilisaient pour notre équipe, nous suivaient dans nos déplacements, brandissaient des posters géants à notre effigie dans le stade, nous encourageaient et nous félicitaient inlassablement. Les filles se jetaient sur nous en soirée et il n'y avait qu'à claquer des doigts pour conclure à tout va. Les médias saluaient les performances des joueurs. On les flattait, on les admirait déjà comme des méga stars et ils étaient habitués à ce traitement de faveur.

La notoriété de l'équipe de basket permettait à l'université de figurer parmi les meilleures des États-Unis et de générer des bénéfices considérables. Ce que je ne tarderais pas à découvrir. Aux USA, business is business. De fait, l'administration du campus prenait grand soin de ses poulains. Beaucoup de mes coéquipiers savaient qu'ils entreraient en NBA au cours des années suivantes et accéderaient au statut de millionnaires, ou qu'ils seraient courtisés par les meilleures équipes de basket à travers le monde. Leur avenir était assuré, ils avaient le monde à leurs pieds et tout pour se prendre au sérieux. Ce soir-là, Ed et Ryan repartirent avec chacun deux ou trois filles à leur bras. Il en serait ainsi à quasiment chacune de leurs sorties.

Je rentrai seul de mon côté. Assurément, c'était tentant mais je n'étais pas venu pour ça. Ce n'était pas le vrai Sami qui intéressait ces filles. Et de surcroit, les paroles de Holly résonnaient dans ma tête : « C'est deux heures que tu aurais pu passer à améliorer ta technique. Ton tir à 3 points, par exemple. Tu es infaillible au tir à 3 points ? Tu en rates encore ? Donc tu devrais passer des heures à t'entraîner à tirer. C'est la marque des grands, Sàààmi ! Tu sais combien de personnes dans le monde rêvent d'être à ta place ? Reprends-toi, Sàààmi ! »

Décidément, elle ne me lâchait plus…

Très vite, j'eus moi aussi mes petits moments de gloire. Après avoir frissonné au son des « WE WANT SAMI » lors du match contre Florida, j'eus l'occasion de me rendre compte de ma soudaine popularité lors de l'Euro Night, une soirée organisée dans un pub par les Européens du campus. Cette fois-ci, je m'y rendis seul, sans coéquipier vedette pour m'accompagner et susciter un engouement démesuré.

À peine arrivé dans le pub, je fus acclamé et salué de toutes parts par mes « compatriotes » européens.

– Oh Sami, ça fait plaisir de te voir ! s'exclama David en me mettant une tape amicale dans le dos.

Eh bien, comme les choses avaient changé depuis septembre ! Quand je n'étais pas encore dans l'équipe et que je ne connaissais pas grand-monde, il m'avait raillé puis ignoré superbement…

– Sami, tu es là ? Mais c'est génial ! lança Jonathan.

– Si tu as besoin de quoi que ce soit, n'hésite pas… renchérit David.

– Je te ressers quelque chose ? C'est pour moi.
– Sami, on est super fiers de toi, tu mets la France à l'honneur ! Continue !
– Sami, je te présente Kate et Veronica. Elles rêvent de te connaître depuis qu'elles t'ont vu à la télé.

La soirée se poursuivit dans un tourbillon d'attentions et de compliments. On m'offrit des verres, on me félicita pour ma place au sein de l'équipe, on m'encouragea. J'eus tout à coup des tas d'amis venus de nulle part. Je me retrouvai bientôt entouré de quatre filles, toutes prêtes à s'abandonner, si tel était mon désir. Ainsi, Ed avait raison. Avoir le statut de basketteur, qui s'apparentait ici au Saint-Graal, m'assurait une énorme popularité et mon petit côté frenchy me vaudrait de devenir rapidement la « mascotte » de tout le campus.

Un matin en sortant du Co-op, le centre commercial du campus, je croisai Jennifer qui m'annonça presque hystérique :
– Sami, Sami, viens voir, c'est un truc de fou, tu as un fan club !

Ne me laissant pas le temps de réagir, elle m'attrapa par le bras et me mena jusque devant la façade du bâtiment de langues, les Humanities. On pouvait y lire l'inscription « WE LOVE OUR SAMI » assortie d'un drapeau bleu, blanc, rouge et d'une affiche des Huskies. Ça me faisait bizarre d'avoir ainsi, au sein même de l'administration du campus, des admirateurs avérés. J'appris plus tard que ma présence au sein de l'équipe avait généré une augmentation du nombre d'inscriptions en cours de français, ce qui signifiait *more money* pour le Département de français. La langue française, un trésor de guerre.

Si cette notoriété pouvait être confortable et grisante — et elle l'était —, je ne me fis jamais complètement à ce « succès » soudain

qui m'embarrassait la plupart du temps, surtout lorsqu'à la fin des matchs des supporters venaient me féliciter et me demander de leur signer des autographes, alors même que je n'avais pas levé mes fesses du banc. La première fois, je crus à une blague.
– Sami, tu es amazing ! me lança un type rondouillard, une casquette vissée sur la tête.
– Ah ben euh, c'est gentil… fis-je gêné, ne sachant que répondre.
– Je ne manque aucun de tes exploits !
– Mes exploits ?

Je pensais vraiment qu'il se moquait de moi.
– Tu rigoles, mon pote ? Je ne joue quasiment jamais.
– Je connais le basket, répliqua-t-il. Le dribble que tu as, ce crossover que tu fais à ras de terre, super bas, peu de joueurs peuvent le faire, pratiquement aucun. C'est dur, c'est très technique, crois-moi. Et j'en ai vu passer des joueurs à UConn…

Je restai hébété devant lui, ne sachant s'il avait ces mots pour chaque joueur ou s'il était sincère.
– Tu veux bien ? demanda-t-il en me tendant une affiche de l'équipe.

Je ne voyais pas du tout ce qu'il voulait que j'en fasse.
– Quoi donc ?
– Tu veux bien signer ?
– Ah, OK, fis-je, emprunté. Tu t'appelles comment ?
– Gary.
– OK, Gary. Let's go Gary…

Je n'avais jamais signé d'autographe auparavant, qu'étais-je censé écrire ? « With all my love », « Huskies forever », « À Gary, mon premier, meilleur et unique fan » ?

– Donc tu es un supporter des Huskies ?
– Mieux que ça, je ne manque aucun de leurs matchs ! J'ai des autographes de tous les joueurs qui ont fait partie de l'équipe ces dix dernières années… Je pourrais mourir pour les Huskies.
– Tranquille, ne va pas jusque-là, on a besoin de toi, mec ! lui dis-je en riant.

Un petit attroupement s'était formé autour de nous. D'autres supporters me demandèrent de leur signer un autographe, je m'exécutai, amusé, ayant trouvé la parade. Désormais, j'écrivais « Let's go Huskies » suivi du prénom de mon admirateur et quitte à me prendre au jeu, j'apposais énergiquement un gribouillis illisible en guise de signature, signant parfois « Sami », parfois « Henri » ou encore « Guy Lux ». Après tout, c'était l'intention et l'empreinte française qui comptaient…

Fin novembre, tandis que la plupart des Américains se préparaient à fêter Thanksgiving et à manger la traditionnelle dinde, nous nous rendîmes en Angleterre pour des matchs de gala. Cet Exhibition Tour permettait surtout à Calhoun de valider la composition de l'équipe, de faire des ajustements tactiques et de tester un peu notre attitude en collectivité en dehors du campus. Durant cinq jours, nous eûmes quatre matchs à honorer contre les London Towers en match aller et match retour, les Brixton Topcats, Milton Keynes et l'équipe de Brighton. Notre périple commença à Londres et prit fin à Brighton dans le sud de l'Angleterre. Il était frustrant d'être aussi près de la France et de ne pas pouvoir aller embrasser les miens.

Les conditions du voyage furent à la hauteur du traitement qui nous avait été réservé jusqu'ici : voyage en première classe, hébergement en hôtel cinq étoiles et staff aux petits soins. C'était la première fois que nous passions autant de temps en autarcie, ce fut l'heure de mes premières déconvenues. Dans l'avion qui nous menait à Londres, Patrick Sellers, qui coordonnait tous nos déplacements, passa dans les rangs et nous informa de la répartition des chambres :

– Marcus avec Ryan, Jason avec Nick… Sami, toi, tu seras avec A.K.

Dès cette annonce, les gars se mirent à me charrier.

– Oh, le galérien ! s'exclama Ed.

– Tu vas kiffer, mec ! Hahaha !

– Hahaha, bon courage, mon pote ! T'as gagné le gros lot, toi !

Du courage, il m'en fallut en effet car A.K. était une plaie. Personne ne voulait partager sa chambre, et pour cause. Il passait son temps à fumer de la marijuana, à écouter du rap à fond, à zapper jusqu'à pas d'heure les programmes les plus débilisants de la planète et à faire venir des filles de je ne sais où. Loin de l'image qu'on pouvait avoir de l'athlète de haut niveau à l'hygiène de vie irréprochable, il prenait plaisir à s'autodétruire et à mettre le plus de souk possible autour de lui. Originaire d'Oakland, une des banlieues les plus chaudes de la côte Ouest des États-Unis, il n'avait visiblement pas conscience de sa chance de faire partie d'une équipe aussi prestigieuse, et avait à cœur de toujours chercher des noises aux autres, d'être méchant et jouer les parasites.

Un soir où il venait d'enchaîner plusieurs joints et où sa musique commençait à sérieusement me taper sur les nerfs — j'essayais de dormir pour être en forme le lendemain —, je lui demandai gentiment :

– A.K., tu peux éteindre ta musique là ? J'ai besoin de dormir… Il est 3 h du mat', mec !

– Fuck you !

– Eh, reste tranquille ! Je t'ai pas insulté, moi…

– Qu'est-ce que tu me casses les couilles, va te faire foutre, mec !

Il commençait à me chauffer, mais plus âgé que lui de sept ans, j'essayais de garder mon sang-froid et tentais de jouer au grand frère en lui faisant la morale comme on tente de calmer un preneur d'otages :

– A.K., demain, tu as un match, tu devrais dormir pour être en forme. Ça t'avance à quoi de fumer cette merde ? Tu fais partie des Huskies, c'est une chance extraordinaire qui n'est pas donnée à tout le monde.

– Fuck les Huskies, mec ! Je suis là pour faire mes statistiques et aller en NBA.

Je lui fis part de mon expérience et lui expliquai ce que la vie m'avait appris. J'aurais aimé lui faire comprendre que la vie lui déroulait le tapis rouge et qu'il n'avait pas le droit de détruire aussi bêtement sa chance, que voir un tel gâchis me mettait hors de moi parce qu'il n'imaginait pas combien tous les joueurs du monde rêvaient d'être à sa place, des types qui en bavaient tous les jours. Au lieu de ça, A.K. se leva d'un air mauvais, se dirigea vers le minibar et avala d'un trait une mignonnette de vodka.

– Hey mec, ta morale, j'en ai rien à foutre ! Je suis un adulte et je fais ce que je veux.

Plus tard dans la nuit, des halètements me tirèrent de mon sommeil. Je frottai mes yeux, incrédule.

Dans le lit d'à côté, ce cher A.K., cul à l'air, copulait tranquillement avec une demoiselle débarquée pendant la nuit. Je me trouvais donc à moins de deux mètres de lui mais cela ne semblait pas le gêner le moins du monde. Il fallait quand même n'avoir de respect pour personne, à commencer par soi, pour en arriver là. Dégoûté, je me tournai côté mur, enfonçai mes boules Quies et tentai tant bien que mal de me rendormir. À un moment, sa « dulcinée » lui dit :

– Je fais trop de bruit, j'espère ne pas réveiller ton pote !

– Fuck him ! Qu'il aille se faire foutre ! C'est un Français, même pas sûr qu'il comprenne ce qu'on fait, railla-t-il sans s'interrompre.

Hormis ces petits « désagréments », le tournoi anglais fut une belle expérience et l'occasion pour notre équipe de s'imposer face aux équipes professionnelles anglaises. Sur les quatre matchs disputés, nous en remportâmes trois et pulvérisâmes Milton Keynes en marquant 120 à 74. Au retour, dans le bus qui nous menait à l'aéroport, Calhoun eut quelques mots de remerciements et conclut par :

– Messieurs, j'ai vu une belle cohésion pendant ce séjour. Continuez d'avancer et de travailler dur ! Il faut rester concentrés sur les vrais objectifs de cette année : nous sommes les champions en titre, ne l'oubliez pas ! Gardez ce bel esprit d'équipe !

L'esprit d'équipe, c'est ça qui fait la différence sur et en dehors du terrain. N'est-ce pas, mon camarade de chambre ?

En décembre, le campus se couvrit d'une épaisse couche de neige. Avec les lacs, les sapins et les grands espaces, le dépaysement était total et j'avais l'impression, lorsqu'il m'arrivait de me poser quelques minutes, ce qui était rare, d'être en retraite au cœur de la forêt canadienne. L'approche des fêtes me rendit mélancolique. Ma famille et mes amis me manquaient et je n'avais pas les moyens financiers de rentrer en France pour Noël. Nous correspondions beaucoup par mail et je leur téléphonais dès que j'en avais l'occasion, toujours angoissé à l'idée qu'il puisse arriver quelque chose à mes parents pendant que j'étais loin d'eux. Une fois passés les moments d'abattement, cette mélancolie se transformait en rage de travailler et me donnait encore plus la niaque. Les sollicitations diverses auxquelles j'avais refusé de céder comme les sorties me parurent encore plus vaines tout à coup. J'étais venu aux États-Unis avec une idée précise : tenter de changer le cours de ma vie. Si en France j'avais l'impression de descendre un toboggan de loose sociale, ici, le rêve américain semblait à ma portée avec cette opportunité scolaire et sportive. Mais je n'étais pas naïf pour autant, ici c'était « Marche ou crève ! », il fallait donc travailler encore plus dur que les autres, rester concentré sur mes objectifs de progression sportive et d'obtention de bons résultats.

Nous avions sept matchs en préparation, ce qui me valut de m'entraîner comme un damné. Sur le terrain, lors des entraînements, je donnais tout en repoussant sans cesse mes limites. Avec nos trois heures minimum par jour, ma progression en à peine trois mois était impressionnante, j'avais atteint un niveau de jeu qui n'avait rien à voir avec celui de mon arrivée. Je commençais à assimiler les schémas tactiques de l'équipe à l'aide de la bible établie par Calhoun, un document de soixante-dix pages rédigé dans un anglais purement technique. Malgré tout le travail fourni, j'avais l'impression de courir après un train que je ne rattraperais jamais. Tout allait vite, très vite, trop vite parfois. Il me fallait assimiler en quelques semaines, quelques mois à peine, ce que d'autres avaient mis des années à intégrer. Je vivais dans cette frustration permanente d'avoir plusieurs TGV de retard.

Ma popularité sur le campus s'arrêtait aux portes de Gampel car une fois parmi les joueurs, tout le monde me considérait comme un simple membre de la yellow team, à commencer par Calhoun, qui ne semblait toujours pas décidé à me faire jouer pour de bon et ne m'accordait du garbage time que lorsque nous menions largement. C'était déjà une victoire en soi mais comme tout compétiteur, j'avais du mal à m'en contenter et c'était légitime.

Dans les gradins, A.J. Price, à qui je devais indirectement ma présence dans l'équipe — je le remplaçais car il souffrait d'une tumeur bénigne au cerveau —, ne perdait pas une miette de nos entraînements et de nos matchs et nous suivait dans tous nos déplacements. Au début, amusé comme la plupart des autres joueurs par mon côté exotique — je débarquais d'une contrée lointaine qui leur était quasiment inconnue, mon style et mes maladresses linguistiques les faisaient rire —, il fit preuve à mon égard, au fur et à mesure de mes progrès sur le terrain, d'une hostilité croissante.

Après la hiérarchie du banc, je découvrais la hiérarchie du bus.

Nous faisions la plupart de nos déplacements dans un bus aux couleurs de UConn réservé à notre équipe. Et ce bus, loin d'être un espace de détente et de repos, s'avérait être un concentré d'egos dans lequel chaque joueur tentait de s'imposer. Le jour du match contre Indiana, alors que je venais de prendre place au fond du bus, A.J. se planta devant moi :

– Eh, mec, vas-y, c'est ma place ça, lève-toi et dégage d'ici !

Qu'est-ce qu'il venait me chercher, celui-là ? Je m'étais installé là bien avant lui, et il avait l'embarras du choix dans le bus !

– Comment ça, c'est TA place ?

– Eh ouais, c'est MA place, mec ! Y'a une hiérarchie ici et tu y figures tout en bas. En dessous, même.

– Mec, y'a de la place là-bas, fis-je en désignant toutes les places libres.

– Eh, comment il te parle ! Te laisse pas faire, A.J. ! s'écria Marcus Williams.

Dès qu'il le pouvait, Williams essayait d'engrainer les mecs contre moi et ne perdait jamais l'occasion de me faire passer pour un perturbateur. C'était toujours à base de sous-entendus, de chambrettes jamais complètement innocentes, de commentaires lourds. Il usait habilement de son discours pour toujours marteler implicitement aux autres que je n'étais pas des leurs, que je n'étais pas un joueur titulaire et qu'à partir de là je n'avais aucune légitimité à exiger quoi que ce fût.

– C'est pas un mec de la yellow team qui va nous prendre nos places ! poursuivit Williams. Va prendre un yellow siège à l'avant du bus !

– Allez, dégage de ma place ! lança A.J. en me saisissant le bras.

– Wouah, c'te mise à l'amende !

Je me dégageai et repoussai A.J. avec contenance. Marcus Williams arborait un air satisfait. Tout à coup, je vis très clair dans son jeu, il me poussait à en venir aux mains : A.J. Price souffrait d'une malformation artérielle cérébrale sérieuse. Si, sur une pulsion, je le frappais sans réfléchir, je pouvais le blesser et ce serait le début des ennuis. Reprenant mes esprits, je laissai la place à A.J., fairplay :

– Tiens, vas-y, prends-la ta place. Enjoy !

Puis marquant une pause, je poursuivis :

– C'est vrai que tu es prioritaire dans la hiérarchie de la connerie, balançai-je.

Les autres joueurs se mirent à rire à gorge déployée et A.J. me demanda de répéter ce que je venais de dire en me menaçant.

– Une vanne, ça ne se répète pas, mec. Sois plus attentif.

Et je pris congé à l'avant du bus.

– J'ai envie de t'en mettre une, fais le malin avec moi !

– Ça, c'est pareil, quand on veut taper, on tape, on dit pas qu'on a envie de taper, c'est ridicule.

– Ouais c'est ça, ouais… Allez, dégage ! répliqua-t-il en s'asseyant à SA place.

Ainsi, j'appris que les « boss », à savoir les joueurs titulaires super stars de l'équipe comme Denham Brown, Josh Boone ou en l'occurrence A.J., exigeaient d'avoir les places du fond. J'avoue que se disputer pour une place était vraiment un truc de gamins, mais dans le cas présent, c'était clairement l'occasion de se faire respecter. Si ce jour-là, je cédai parce qu'il s'agissait de A.J., je veillai les fois suivantes à ne jamais me laisser faire. Je faisais certes partie de la yellow team, mais il n'était pas question de baisser mon froc pour autant.

Parfois, avec les gars, la tension était palpable, mais nous avions également des moments plus détendus, voire franchement sympas, où nous partagions comme n'importe quels jeunes de vingt ans de bonnes parties de rigolade. Les vestiaires, les repas et les déplacements étaient souvent prétexte à des chambrettes mémorables qui me rappelaient les taillades avec mes potes de Saint-Denis ou de mes précédentes équipes, à quelques différences près : je n'avais pas toujours les expressions en argot pour me défendre et j'étais souvent l'objet de leurs moqueries à cause de mon accent et de mon anglais farfelu, trop scolaire ou trop « inventif », loin de la langue pratiquée par ces messieurs. Avec le temps, j'appris les expressions qui me manquaient et devins rapidement un as de la chambrette en anglais, avec l'accent français en plus, et l'attraction humoristique du bus.

Sur les sept matchs que notre équipe disputa durant le mois de décembre, nous gagnâmes contre Sacred Heart, Quinnipiac, Central Connecticut, Rice, Indiana et Northeastern de J. J. Barea, futur pro de la NBA et meilleur scoreur de la NCAA, sur le score sans appel de 97 à 60. Je pus assister aux matchs sur mon banc préféré. Mais ensuite, nous connûmes une défaite mémorable contre l'équipe de l'Université du Massachussets, UMass. Les exigences de Calhoun étaient telles qu'il ne se réjouit pas des six victoires que nous avions à notre actif mais entra dans une colère monumentale parce que nous venions de perdre 59 à 61 contre l'équipe adverse, voisine d'État et aux frontières communes. De joie, les supporters avaient envahi le terrain au Mullens Center d'Amherst, Massachussets. Calhoun était fou de rage.

– Perdre devant Massachussets !!! hurla-t-il dans le vestiaire. Vous devez vous sentir un peu minables là, non ? Ah, ils sont beaux les champions NCAA en titre... perdre à deux points... deux putains de points !... Un, et deux, fit-il en désignant Boone et Villanueva. Avec vos dizaines de lancers francs ratés ! Ah ouais, ça fait mal de perdre comme ça, mais entre nous, vous l'avez bien mérité ! Je vous ai répété combien de fois qu'il fallait vous battre jusqu'à la dernière seconde, rester concentrés à chaque instant et que chaque panier compte ? La fin d'un match c'est lorsque le buzzer retentit, jamais avant ! Jamais !!! Alors aujourd'hui, c'était royal, du très très haut niveau. Bravo les garçons ! Aucune action collective sur le terrain. C'est moi qui vais sauver l'équipe ! Ça dormait, ça se traînait ! Et alors les attaques ? Zéro ! Qu'est-ce qui se passe aujourd'hui ? On a laissé ses *balls* à la maison ?

Essoufflé et rouge de colère, il conclut par :

– Allez-y, continuez comme ça et vous allez finir en Europe, ou peut-être même en France avec Henri !...

« Coach, si tu savais, même en France ils ne veulent pas de moi », me moquai-je intérieurement.

Depuis la première fois où j'avais mis les pieds dans le salon de coiffure de Holly, la déco avait beaucoup changé. Désormais persuadée d'avoir du flair pour dénicher des talents puisqu'elle m'avait « découvert », Holly annonçait la couleur : les murs de son salon de coiffure étaient recouverts de posters des Huskies et du maillot dédicacé de l'équipe que je lui avais offert. Dès qu'elle se trouvait face à un client, elle parlait basket alors qu'elle n'y connaissait absolument rien et se permettait parfois quelques remontrances s'il avouait ne pas me connaître ou s'il disait préférer le baseball, le hockey ou le football américain.

Comme elle coiffait presque tout le campus, il lui arrivait régulièrement de se retrouver face à Calhoun ou à un de ses assistants et elle se permettait alors quelques commentaires déplacés.

– J'ai vu le dernier match contre Indiana. C'était serré…

– Oui, l'équipe d'Indiana avait un très bon jeu mais nos joueurs se sont bien battus aussi.

– Mouais… à cinq points près, on perdait. Ç'aurait été dommage !

– Vous savez, Holly, des matchs comme celui-là nous permettent de voir ce qui ne va pas et de faire des ajustements. Le basket n'est pas une science exacte.

– À mon avis, il aurait fallu faire jouer Sàààmi bien sûr. Je ne comprends pas pourquoi on l'a laissé sur le banc ! Il peut faire la différence !

Personne, à part peut-être un journaliste, n'aurait osé parler ainsi à Calhoun, qui faisait sa dix-neuvième saison à UConn en tant que coach des Huskies et n'avait de conseils à recevoir de personne, surtout pas d'une coiffeuse découvreuse de basketteur français à la ramasse…

– Holly, coupez un peu plus court derrière, voulez-vous, et les pattes, pas comme la dernière fois, ma femme n'a pas aimé du tout !

Vexée, elle s'exécutait mais revenait toujours à la charge la fois suivante.

Je ne lui en voulais pas. Holly était avant tout ma plus grande supportrice. Qu'il vente ou qu'il neige, que je passe la plupart des matchs sur le banc de touche ne la décourageait pas, elle était de tous les matchs qui avaient lieu à domicile. Quoi qu'il se passe dans le monde ou sur le campus de UConn, elle était là, dans les gradins, scandait mon nom avec ferveur et portait toujours le maillot numéro 10 de l'équipe.

– Putain, elle est toujours là, cette folledingue ! lançait Marcus Williams avec mépris. Parle à ta femme, French fucker ! Elle t'encourage même quand t'es pas sur le terrain, c'est-à-dire tout le temps… Hahaha… C'est ridicule !

– Eh, t'es pas sympa avec ta meuf… charriait Charlie Villanueva. Franchement, tu pourrais lui dire qu'elle porte le maillot de Sue Bird !

Holly, qui ne s'était jamais intéressée au basket jusque-là et qui savait seulement que les types de UConn étaient forts, s'était rendue au Co-op et avait acheté le premier maillot numéro 10 qu'elle y avait trouvé, ignorant que c'était celui de l'équipe des basketteuses. Comme je n'osai jamais le lui avouer, elle porta le maillot numéro 10 de Sue Bird, la star de l'équipe féminine, pendant toute la saison et se ridiculisa sans le savoir auprès des connaisseurs.

Parfois d'une gentillesse désarmante, Holly avait également un côté pressant qui m'agaçait fortement. Lorsqu'elle apprenait qu'une Euro Night s'organisait sur le campus, elle s'arrangeait pour s'y rendre et mettait un point d'honneur à s'immiscer dans toutes mes conversations.

– Je suis le manager de Sàààmi ! annonçait-elle sur un ton autoritaire à toute personne, fille ou garçon, qui tentait de m'approcher.

– Sàààmi, il est tard, tu devrais aller te coucher, me sermonnait-elle. Demain, tu as ton entraînement et dimanche il y a le match contre Boston.

– J'espère que ce n'est pas de l'alcool que tu bois là, Sàààmi !

– Sàààmi, il faut un esprit sain dans un corps sain, penses-y !

À la longue, elle me saoulait tellement que je m'arrangeais pour disparaître et quitter les lieux sans lui dire au revoir. Pauvre Holly ! Comme je regrettai mon attitude, le jour où, après un match, je la vis repartir, trempée, seule sous la pluie, essoufflée et apparemment perdue dans les allées labyrinthiques de l'immense Hartford Civic Center, son maillot de Sue Bird sur le dos. Derrière la vitre du bus, j'esquissai un petit signe de la main, mais trop absorbée à chercher son chemin, elle ne me vit pas.

À l'approche des fêtes de Noël, la plupart des étudiants rentraient chez eux, et nous ne fûmes bientôt plus que quelques-uns, essentiellement des étrangers et les sans famille du campus, à aller et venir dans ce qui ressemblait à une ville fantôme. Même Gampel Pavilion, d'ordinaire effervescente, était d'un calme absolu, Calhoun nous ayant accordé quatre jours de break entre le match contre Central Connecticut et celui contre Sacred Heart.

La période des fêtes m'avait toujours foutu le cafard et être ainsi loin des miens amplifia ce sentiment. Pour m'occuper l'esprit, j'allais m'entraîner seul, conscient désormais qu'en cas de contrôle d'identité inopiné je devrais obtempérer sur-le-champ.

– Tu fais un truc ce soir ? demandai-je à Jennifer, restée elle aussi sur le campus.

– Non, je n'ai rien de prévu... C'est tellement mort de toute façon...

– On mange ensemble, ça te dit ?

Comme moi, Jennifer habitait à Saint-Denis, fréquentait Paris 8 et avait des origines kabyles. Côtoyer un environnement familier me faisait du bien. J'avais l'impression de retrouver un bout de chez moi.

Au cours du repas, comme je me plaignais d'un mal de crâne persistant, elle me donna un médicament contre les maux de tête, puis nous reprîmes notre conversation là où nous l'avions laissée, dans les amphis pourris de Paris 8.

– Il fait chaud dans ce resto, tu ne trouves pas ?

– Non, ça va…

– J'ai peut-être chopé quelque chose alors… j'ai des bouffées de chaleur.

– Des bouffées de chaleur… comme les daronnes ? se moqua-t-elle. Oh mais qu'est-ce qu'il t'arrive ? Tes yeux, ton cou, on dirait qu'ils vont exploser !

Elle dit cela d'un ton si catastrophé que la panique me gagna. Le visage me démangeait depuis quelques secondes mais cela ne m'avait pas vraiment inquiété. En voyant mon reflet dans le miroir, je manquai défaillir. On aurait dit Elephant Man. À présent, je suffoquais. L'air n'arrivait plus à atteindre mes poumons. Je ne pouvais quand même pas mourir comme ça, au beau milieu de mon rêve américain.

– Faut aller à l'hôpital, s'écria Jennifer paniquée. Vite !

Le campus avait ceci de pratique que tout était assez proche. À l'hôpital de Hartford, un interne, fan des Huskies, me reconnut — j'ignore comment il réussit une telle prouesse vu la tête que j'avais — et me prit en charge immédiatement, sans que j'aie à attendre mon tour. Il diagnostiqua une allergie à l'aspirine et m'administra une piqûre d'antihistaminique.

– L'impression d'asphyxie est purement psychologique, précisa-t-il goguenard.

– Hahaha, très drôle ! Je fais exprès d'étouffer maintenant, Docteur. Je suis féru d'Actors Studio.

Il m'informa ensuite qu'on m'enverrait la facture et me laissa repartir en me souhaitant bonne chance pour la saison de basket.

Lorsque je reçus la facture quelques jours plus tard, je faillis tomber de ma chaise en lisant le montant inscrit au bas de la page. Une injection de quelques millilitres qui avait pris à l'interne moins de deux minutes me coûtait la modique somme de six cents dollars, soit toutes mes primes de repas du mois de décembre. Pensant naïvement que le département de basket pourrait la prendre en charge, je me rendis dans le bureau de Coach Sellers.

– Si tu n'as pas d'assurance privée, fit-il en haussant les épaules, impuissant, tu es obligé de payer de ta poche. Je suis désolé, Sami. C'est comme ça ici, il n'y a pas de remboursement hors blessure sportive vu que tu n'es pas un *full scholarship player* *.

Heureusement que je ne m'étais pas cassé le bras droit, j'aurais été forcé de devenir gaucher jusqu'à la fin de l'année d'échange universitaire ! Je n'imaginais même pas avoir un cancer chez l'oncle Sam, une double peine en somme !

Le rêve américain possédait quelques facettes cruellement impitoyables dont celle-ci, qui me fit mesurer, à l'image de ceux qui loin de moi se battaient pour préserver notre système français de santé, combien était précieuse notre bonne vieille Sécu. Comme je leur donnais soudain raison !

---

* Joueur bénéficiant d'une bourse intégrale.

Pour Noël, Holly insista pour m'inviter à dîner chez elle, mais par pudeur, et aussi par instinct de survie — je la voyais venir —, je préférai décliner au prétexte que j'étais fatigué et pas très « fêtes de Noël ».

– En France, mais surtout chez moi, tu sais, on ne fête pas vraiment Noël…

– Ah bon ? fit-elle étonnée.

L'avantage quand on était à l'étranger et que la personne en face de vous n'avait jamais mis les pieds dans votre pays, c'était qu'on pouvait lui raconter n'importe quoi, enfin presque…

– Mais Sàààmi, qu'est-ce que tu racontes ? Mais tout le monde fête Noël, voyons !…

Et elle partit dans un grand laïus que je ne compris qu'à moitié, tant elle parlait vite et mangeait ses mots. Je regrettai de n'avoir pas simplement dit que je n'étais pas libre.

Heureusement, un client entra dans son salon de coiffure et me sauva la mise.

Dans la journée, je reçus un coup de téléphone de Coach Blaney, l'assistant de Calhoun.

– Eh Sami, je serais ravi que tu viennes dîner à la maison ce soir si tu en as envie. Je sais que tu es seul et que ça ne doit pas être facile un soir de Noël…

C'était gentil de sa part et j'étais touché par son attention, mais l'idée d'arriver comme un intrus dans une famille qui n'était pas la mienne le soir de Noël me poussa à décliner son invitation. Je préférais rester seul et téléphoner à ma famille.

Ce n'est que plus tard dans la soirée, lorsque je me retrouvai entre les quatre murs de ma chambre de huit mètres carrés, un kebab en guise de repas de fête, que je me mis à regretter le super repas que j'aurais pu faire dans une belle maison bien décorée, les coutumes que j'aurais découvertes, en immersion dans une vraie famille américaine… Au lieu de ça, j'avais dit non… comme un con.

Par chance, le temps passait vite et le sommeil vint mettre fin à cette soirée déprime qui virait à la remise en question existentielle.

Le 30 décembre, notre équipe affronta l'Université de Quinnipiac à Hartford Civic Center devant un public familial, et c'est sur une victoire écrasante, 123 à 71, qui laissait présager du meilleur pour la nouvelle année, que nous clôturâmes 2004. Calhoun, qui n'esquissa aucun sourire de satisfaction, nous souhaita de bonnes fêtes et nous encouragea à ne pas oublier nos objectifs de l'année 2005 : rester dans la course afin de gagner le tournoi de la Conference et le Big East Championship pour préparer au mieux le tournoi NCAA. Je partis rejoindre un ami à New York pour le nouvel an et fis le vœu, à minuit pile, dans un Times Square en ébullition, de

À l'époque de Lézignan-Corbières en Nationale 3.

La photographie sur mon casier des vestiaires
du complexe sportif de Uconn.

Gampel Pavilion, match contre Florida International,
30 novembre 2004, Connecticut 99 - Florida International 48

Tentative de pénétration dans la raquette sous le regard dubitatif de Jim Calhoun et d'Ed Nelson en arrière-plan

Match Connecticut-Bryant. Déjà une blague sur le terrain…
John Williams de l'équipe de Bryant en jump shoot après un crossover

Match Connecticut-Bryant
Petite feinte qui fit s'envoler
le numéro 33 de Bryant
et me donna deux lancers francs
à tirer… tous deux ratés

Hartford Civic Center, match contre l'Université de Rice
19 décembre 2004, Connecticut 81 - Rice 72

Pendant l'hymne national américain

Contre Northeastern, bataille au rebond

Gampel Pavilion,
match contre Northeastern
de J.J. Barea
Connecticut 97 – Northeastern 60

Gampel Pavilion
bourré à craquer
à chaque match

À Gampel Pavilion,
en route vers les vestiaires
pour le briefing d'avant-match,
juste après l'échauffement

Entouré de Villanueva, Nelson et Boone en mode nain de jardin

Senior Night (5 mars 2005 à Gampel Pavilion)
Jour de la victoire contre Syracuse 88 à 70

Senior Night – Ma sœur et moi prenons la pose au centre du terrain pour les photographes et la présentation à Jim Calhoun

Célébration de la sept-centième victoire de Jim Calhoun, entouré de son équipe
De gauche à droite : Rashad Anderson, Nick Forostoski, Jim Calhoun, Josh Boone, moi, Ed Nelson, Marcus Williams, Ryan Thompson, A.K., Jason Baisch, Hilton Armstrong, Charlie Villanueva

Jim Calhoun entouré des extrêmes de son équipe : Sami Améziane, 1m75, et Charlie Villanueva, 2m11

Holly dans son salon de coiffure,
devant les affiches et photographies des Huskies

Jim Calhoun en pleine conversation dans le salon de Holly

Couverture d'*Inside Connecticut Sports* après le match contre Bryant

Le jour de la cérémonie
du Commencement

À mon retour en France, les débuts de la rigolade,
avec le plateau « Barres de Rires »
De gauche à droite : Thomas Ngijol, Patson, Yassine Belattar,
Amelle Chahbi, Thomas Barbazan, Yacine Belhousse, Fabrice Éboué,
Frédéric Chau et moi au centre

continuer à travailler dur pour poursuivre mon rêve américain et rendre fiers les miens.

Chaque année au mois de janvier, le campus fermait ses portes aux étudiants pour le Winter Break, qui marquait la fin du premier semestre. Pendant quatre semaines, les cours étaient suspendus et les étudiants rentraient chez eux. Alors qu'en d'autres circonstances j'aurais pu me retrouver seul et loin de tout, j'eus la chance, grâce aux Huskies, de vivre dans des conditions exceptionnelles. Pour l'équipe en effet, pas question de faire un break, janvier était une grosse période. Huit matchs nous attendaient et c'est l'hôtel Marriott de Hartford qui nous accueillit et nous traita comme des stars. Pendant quatre semaines, chacun put jouir d'une suite individuelle aux frais du club.

– On a une chambre en plus, précisa Patrick Sellers, ce sera pour toi Sami. Tu auras deux suites !

Qu'allais-je faire de deux suites ? À tous les coups, c'était encore une combine pour me refiler A.K...

Je n'avais jamais logé dans une suite auparavant. Alors dans deux suites ! En France, les déplacements pour le basket se résumaient à un voyage en car-couchettes et un hébergement en hôtel Formule 1 à raison de deux lascars par chambre dans le meilleur des cas. J'allais savourer ce séjour, cela ne faisait aucun doute.

– Waouh ! m'exclamai-je en ouvrant la porte.

La suite magnifique au mobilier haut de gamme qu'on m'attribua faisait bien dix fois la taille de ma cellule universitaire et disposait d'un séjour avec canapé-lit, bureau et écran plat, d'un mini-bar où les consommations étaient à discrétion, d'une salle de bain dernier cri avec jacuzzi et d'une grande chambre où trônait un somptueux lit king size. La deuxième suite était identique. Je disposais en tout de quatre-vingts mètres carrés pour moi tout seul.

J'étais perplexe : devais-je dormir un soir dans une suite, le lendemain dans l'autre ? Passer la journée dans l'une et la nuit dans l'autre ? Faire une semaine dans l'une et la suivante dans l'autre ? Je regrettais tellement d'avoir tout ce luxe à portée de main et de ne pouvoir en faire profiter ni ma famille ni mes amis d'enfance…

Je m'allongeai sur le lit tout habillé et contemplai la chambre. Je m'étirai à gauche, puis à droite, testai le côté droit puis le gauche. La literie était parfaite. Mais comme on se sentait seul dans un lit si grand… comme dans un rêve non partagé !

Mes coéquipiers eurent sans doute la même pensée que moi, mais eux trouvèrent la parade…

Pendant le Winter Break, notre seule obligation était d'assister aux entraînements. Pour le reste, nous pouvions user de notre temps libre comme bon nous semblait puisque nous n'avions pas cours. Comme le staff était logé à l'extérieur, mes coéquipiers s'en donnèrent à cœur joie. Le mois du Winter Break fut un mois de grand n'importe quoi. Les chambres se transformèrent en baisodrome, les conquêtes de ces messieurs allaient et venaient sans arrêt, passant d'une chambre à l'autre, et certains se lâchaient comme jamais. Si la notoriété leur offrait l'avantage d'avoir toutes les filles qu'ils voulaient, ils profitaient bien de leurs vingt ans et de leurs années d'université. La phrase « il faut que jeunesse se passe » prenait ici tout son sens.

Car aux États-Unis, les années d'université, véritable investissement financier de la part des parents, coûtent horriblement cher, vingt à quarante mille dollars par an minimum. Ces quatre années sont considérées comme les meilleures, les plus belles années de la vie d'un jeune Américain. À l'image d'une colonie de vacances pour adultes en devenir, ces quatre années marquées par la fête, le sexe, l'alcool et le sport sont les plus importantes et les plus déterminantes dans la vie des Américains. C'est pendant le cursus universitaire que l'on crée son réseau — un réseau très souvent international —, que l'on rencontre généralement son futur partenaire de vie et que l'on définit les grandes lignes de sa carrière professionnelle. Ces années restent dans l'esprit des parents comme les plus prodigieuses. Ils se saignent pour financer les études de leurs enfants et leur offrir une bonne éducation, et le choix de l'université est si important qu'ils sont parfois prêts à déménager ou à traverser tout le pays pour l'une ou l'autre.

Tandis qu'en France on a tendance à se définir par son lieu d'habitation et sa profession, aux États-Unis c'est par son université d'origine qu'on se définit le plus souvent. On est un UConn Husky, un Kentucky Wildcat ou un Florida Gator pour la vie. Forcément, en français, être un chien-loup du Connecticut semblait ridicule… Mais « tu as fait quelle fac ? » est la question incontournable dans les premiers échanges entre Américains. Intégrer une université américaine, c'est appartenir à une mère nourricière.

L'identité de la fac aux États-Unis est si forte que depuis mon intégration à UConn, j'avais l'impression, et mes compatriotes également, d'avoir rejoint une famille, de vivre quelque chose d'exceptionnel, d'être reconnu en tant qu'individu tout en faisant partie d'un groupe uni, solide, qui partageait des valeurs communes.

En France, l'université me semblait beaucoup moins fédératrice et entretenait davantage l'anonymat et l'individualisme. Quel étudiant français avait un jour rendu visite à son université avec nostalgie ? Quel étudiant absentéiste avait un jour reçu un appel d'un professeur le priant de revenir ? C'était comme si un prisonnier nostalgique demandait au directeur de la prison de visiter son ancienne cellule...

Fallait-il mettre cela sur le compte des parties fines qui fatiguèrent mes coéquipiers et leur ôtèrent un peu de leur esprit de compétition ? La saison de basket reprit laborieusement et commença par une défaite contre l'équipe de Boston College, une équipe redoutable dans laquelle figuraient Craig Smith, futur Timberwolves de Minesotta, Sean Williams et Jared Dudley, à la future carrière NBA bien remplie. Le mois de janvier fut mitigé et nous alternâmes entre victoires et défaites. Tandis que les quatre matchs remportés laissèrent Calhoun de marbre comme à son habitude, les matchs perdus le mirent véritablement hors de lui. En grand compétiteur, il ne supportait pas la défaite. Les jours qui suivaient, il nous secouait dans les vestiaires et se vengeait sur le terrain où les entraînements tournaient au supplice. Comme il savait parfaitement jouer avec notre résistance physique et nos nerfs, il n'hésitait pas à nous faire refaire jusqu'à vingt fois de suite le même schéma tactique et il y prenait un plaisir à peine dissimulé. Pour lui, le basket, c'était aussi et avant tout la répétition, et il avait mille fois raison.

Sur un exercice précis de défense, je devais contenir A.K. et cela faisait déjà plusieurs fois que dans le feu de l'action, il me bousculait violemment pour se démarquer de ma défense. Ce n'était pas la première fois qu'il me heurtait « malencontreusement », ça avait déjà été le cas lors de précédents entraînements. Le terrain était un peu l'école de la rue où chacun apprenait à s'imposer et il arrivait souvent que l'on se blesse vu l'engagement physique de tous, mais les coups étaient généralement involontaires. Or, cette fois, A.K. me mit un coup de coude dans le nez puis m'adressa un sourire en coin.

– Tu le fais exprès ou quoi ? dis-je en l'attrapant par le maillot.

– Eh, dégage de là, me touche pas, toi !

– D'où tu me mets des coups et tu crois que je vais me laisser faire ?

A.K. tenta un front contre front devant l'assistance qui ne bougeait pas, comme pour nous signifier que ce combat pouvait démarrer. Et la bagarre éclata. Tout alla très vite. Il essaya de me balancer une droite que j'esquivai. Je le saisis alors au cou pour l'empêcher de m'attaquer. S'ensuivit une série d'insultes des deux côtés, les siennes en anglais et les miennes en français. C'est à ce moment précis que je compris que même pour s'embrouiller avec un Américain, il fallait bien maîtriser sa langue. Je fus limité à un pathétique « fuck you, man ».

– Retourne dans ton pays de mort, espèce de clandé ! Meneur de mes deux ! J'te pisse dessus.

– Ouais c'est ça, va te faire foutre, mec !

À ce moment-là, je n'écoutai plus personne, j'étais en tête à tête avec mon camarade de chambre.

Il tenta à nouveau de me porter un coup au visage mais le direct que je lui décochai le fit basculer en arrière. Il revint à la charge, rageur, lorsque Calhoun, qui avait assisté de loin avec amusement au début de notre altercation, siffla :

– Les gars, ça suffit, arrêtez ! Mettez plutôt votre énergie à respecter les consignes que je donne.

Nos coéquipiers accoururent pour nous séparer. Mais A.K. me fixa du regard et lâcha entre ses dents :

– Fils de pute ! C'est que le début, t'es mort, je vais pas te lâcher.

– Quand tu veux, mec.

– Allez, c'est bon, laisse tomber ! me fit Charlie en me tenant à distance de A.K.

Calhoun signifia la fin de l'entraînement et Jason Baisch reprit son rôle de chauffeur d'équipe en entonnant notre hymne *UConn, Huskies*. Les gars repartirent dans les vestiaires en petite foulée comme à l'accoutumée et tout le monde passa à autre chose.

Les rapports de force étaient naturels dans un tel groupe, avec de tels egos et de telles personnalités. Dépasser les limites faisait partie du « game ». Et c'était accepté, il arrivait de se battre entre coéquipiers, tant que ça ne détruisait pas l'esprit d'équipe.

Ce jour-là, il avait été nécessaire pour moi de répliquer et de montrer que je ne me ferais pas marcher sur les pieds chez l'Oncle Sam, tout « walk-on », « yellow team » ou « immigrant » que j'étais. C'était important pour moi et pour ceux que je représentais. Étrangement, aux États-Unis, à chaque fois qu'on m'insultait, il me semblait qu'on insultait ma famille, mes valeurs et mon pays. J'étais devenu un ambassadeur malgré moi.

Le mois de janvier fut coriace mais dans des conditions particulières. Nous partîmes jouer contre Georgetown et Oklahoma en jet privé. L'Université du Connecticut mettait à disposition pour ses équipes un petit Boeing de quarante places où nous avions tout le confort possible et imaginable.

Si quelqu'un m'avait dit un an auparavant que l'année suivante je serais dans le jet privé des Huskies pour jouer à Georgetown, je lui aurais conseillé d'arrêter de boire…

Nous gagnâmes à Washington DC sur le campus de Georgetown 66 à 59 et deux jours plus tard nous nous prîmes une raclée contre Oklahoma chez eux sur le score de 65 à 77. Un match intense où les stars d'Oklahoma comme Jay Gray, Drew Lavender et Kevin Bookout avaient dominé nos joueurs. Celui qui ressortit du match fut sans conteste Terell Everett, exceptionnel dribbleur et joueur de 1 contre 1 qui fera une belle carrière en France entre Cholet, Châlon-Reims et Levallois.

Même mort de fatigue, je consacrais ma vie à l'entraînement. Mon peu de temps de jeu pendant les matchs était décisif pour moi car si j'avais bien conscience que je n'irais jamais en NBA, mes statistiques pourraient m'offrir des opportunités inespérées et me permettre de jouer en Europe ou ailleurs dans le monde, sait-on jamais. Lors de la préparation du match contre Oklahoma où j'avais quelque peu baladé Marcus Williams sur plusieurs actions, Coach LaFleur vint me voir alors que je m'étirais sur le côté du terrain :

– Sami, je t'ai beaucoup observé ces dernières semaines, tu sais... Je vois comment tu évolues par rapport à d'autres gars de l'équipe à ton poste et je pense vraiment que tu as le niveau pour jouer... Il faut que tu t'accroches et que tu continues comme ça ! Tout est possible ici, tu sais.

Ses paroles me mirent du baume au cœur et me reboostèrent. S'il m'encourageait de la sorte, c'est que tous les espoirs étaient permis.

Jusqu'à la fin de la saison, Coach LaFleur me répèterait sans relâche que j'avais le niveau pour jouer et irait même jusqu'à me confier :

– Tu sais, tu es beaucoup plus rapide que Marcus Williams balle en main et tu fais une meilleure défense. Tu peux vraiment jouer.

À l'occasion du match contre Georgetown, Jason Baisch, qui n'avait sans doute pas perdu une miette de mes échanges avec Coach LaFleur et qui avait dû remarquer que je devenais de plus en plus offensif et demandeur sur le terrain, retenta de m'ôter mes illusions en mode rabat-joie :

– Sami, n'oublie pas quelque chose : on a besoin de mecs motivés sur le terrain. Ton rôle c'est de faire progresser les autres. Si tu donnes tout, tu fais bosser Marcus et tu le fais progresser l'air de rien… Tu ne dois pas te comporter comme un adversaire, tu ne dois pas être dans la compétition. La yellow team n'est pas là pour ça ! OK?

Il m'assommait vraiment, celui-là, à jouer les moralisateurs et les empêcheurs de rêver en rond. Est-ce qu'il pouvait essayer de comprendre deux secondes que je n'avais aucune envie de rentrer à Saint-Denis et de retrouver les lits superposés qui m'attendaient dans ma chambre d'adolescent aux posters défraîchis ?

Nous reprîmes le chemin du Connecticut et enchaînâmes une victoire à l'extérieur contre Rutgers 77 à 64.

Quelques jours plus tard, le match contre Seton Hall me conforta dans l'idée que j'avais raison de me battre. La rencontre avait commencé avec un score serré et l'équipe adverse, coriace, menait de trois points. Sur le banc, je trépignais d'impatience et priais pour entrer en jeu pour une raison très spéciale. J'avais toujours admiré l'Université de Seton Hall. La première cassette VHS d'un match universitaire que j'avais vue avec mes amis de Saint-Denis à l'âge de douze ans était un match de Seton Hall. Quel joli clin d'œil du destin que de se retrouver douze ans plus tard à jouer contre cette même université !

En observant bien le meneur des Pirates de Seton Hall, je repérai qu'il avait une petite faiblesse sur son dribble gauche en attaque et qu'il commençait à montrer des signes de fatigue. Si j'entrais sur le terrain, ma première stratégie serait de l'orienter sur sa main gauche de façon à récupérer la balle sans trop de difficulté en cas de dribble reverse, ma fameuse botte secrète défensive.

Aussi incroyable qu'inespéré, Calhoun demanda un changement, me fit signe d'entrer sur le terrain et fit sortir Marcus

Williams, à la ramasse en attaque comme en défense. J'eus à peine le temps de me mettre dans le jeu que l'équipe adverse marqua de nouveau, ce qui eut pour effet de mettre Calhoun hors de lui. Il se leva du banc, cria sur George Blaney, son assistant, qui faisait parfois office de souffre-douleur, et tapa du pied dans la table de marque.

Après quelques tentatives, je parvins à canaliser Donald Copeland, le meneur de Seton Hall, récupérai la balle et déroulai de bonnes attaques pour UConn sur leur défense de zone. J'annonçai un système, dribblai sur l'aile, passai la balle à Boone monté en poste haut, qui donna instantanément à Ed Nelson pour un panier dans la raquette. L'action suivante, je pénétrai la zone pour démarquer Boone, qui ressortit sur Rashad Anderson décalé sur l'aile, qui shoota et manqua le panier. Les adversaires prirent le rebond et marquèrent en contre-attaque. Calhoun, qui tourna le dos quelques instants au terrain pour donner une consigne à un joueur sur le banc, manqua l'action. Il se retourna pile au moment où Seton Hall mettait un panier. Il tapa du pied en mâchant son chewing-gum nerveusement.

– Pourquoi il a marqué en contre-attaque, celui-là ?

– C'est Sami qui n'a pas aidé Rashad sur le repli défensif, justifia George Blaney.

– OK… Changement ! Marcus sur le terrain pour Sami.

Je sortis du terrain, déçu de devoir déjà quitter le match et pris place au bout du banc quand Calhoun s'approcha de moi et me hurla dessus.

– Sami, c'était quoi, ça ? Pourquoi tu n'as pas aidé Rashad en défense ? C'est quand même pas compliqué, bon sang ! Je t'ai pas fait entrer sur le terrain pour jouer les touristes ! Fucking Henri ! C'est le meneur qui fait le repli défensif !

Il croisa les bras l'air renfrogné, me toisa et regagna sa place. Je restai abasourdi, un sourire béat aux lèvres.

– Putain, Calhoun t'a engueulé, mec ! firent Ryan, Nick et Jason, admiratifs.

– Waouh ! Classe !

– Eh, respect, mon gars ! Le coach te calcule !

Se faire incendier par Calhoun était considéré comme un honneur. En général, il n'incendiait pas n'importe qui. Si en temps normal, on peut trouver vexant de se faire réprimander de la sorte, dans le cas présent j'étais aux anges car cela signifiait qu'il me voyait comme un joueur à part entière, comme un vrai Husky. Quel honneur ! À partir de ce jour, je vis que quelque chose commençait à changer dans les yeux de mes coéquipiers. Les limites entre titulaires, remplaçants et membres de la yellow team n'étaient pas aussi bien délimitées que certains le pensaient. Coach Calhoun confirma ce jour-là les dires de Coach LaFleur que l'espoir était donc permis de bousculer la hiérarchie.

Fin janvier, nous recevions à Gampel Pavilion la prestigieuse équipe des Panthers de Pittsburgh. Un mauvais souvenir pour nous. Pourtant le match commença très bien : le 5 majeur des Huskies dominait largement l'équipe des redoutables Carl Krauser, Aaron Gray, Chris Taft et autres Chevon Troutman. Nos extérieurs Rashad Anderson, Benham Brown et Rudy Gay marquaient de derrière la ligne à 3 points et, bizarrement, n'hésitaient pas à célébrer à chaque panier marqué, ce qui mit Calhoun hors de lui.

Il nous apostropha sur le banc.

– Mais pourquoi célèbrent-ils ? Pour qui se prennent-ils ? Le match n'est pas encore gagné ! Ils sont fous ou quoi ? nous répétait-il.

Nous menions tout le long de la première mi-temps et comptions rapidement vingt points d'avance en rentrant des vestiaires. Pourtant, il flottait une odeur de révolte chez nos adversaires mais surtout un excès de confiance chez nous, et cela n'allait pas tarder à nous faire mal. Calhoun, en bon devin, avait senti la chose et dans son discours à la mi-temps nous avait dit d'arrêter de croire la victoire acquise, demandant directement aux joueurs pourquoi ils célébraient outrageusement après chaque panier. Ils ne surent quoi répondre. La suite allait être plus compliquée.

Pittsburgh, par le biais d'un excellent Karl Krauser et une série impressionnante de tirs primés et de pénétrations, remonta son retard jusqu'à mener chez nous, les champions en titre. Il asphyxia littéralement Marcus Williams. Leurs joueurs intérieurs muselèrent les Hilton Armstrong, Charlie Villanueva, Josh Boone et consorts. À la fin du match, les Panthers s'imposèrent 76 à 66 dans un Gampel Pavilion médusé. Une défaite humiliante et une véritable gifle à domicile. Dans les vestiaires, Calhoun ne fit aucun discours. Il arriva au centre, regarda chaque joueur quelques secondes dans les yeux, à la manière d'un cowboy, sans piper mot. En fin psychologue, il cherchait la honte de cette défaite dans nos regards. Les joueurs, pour la plupart, baissèrent la tête, ils ne s'étaient pas battus assez et ils le savaient. Il retira sa cravate et la jeta à terre, manière de dire qu'il jetait l'éponge, puis il quitta le vestiaire sans rien dire, laissant le groupe dans une immense déception. Il était fort pour cela, Calhoun. Il vivait intensément les choses, il ne les feignait pas. Pittsburgh était un rival historique et une telle défaite le mina personnellement, et nous avec. Même l'argent pour manger, le meal money de Coach Sellers, habituellement joyeux, fut un moment triste. Nous le refusâmes tous sauf A.K., qui alla même jusqu'à réclamer la part des autres. Ce soir-là, nous n'avions pas mérité de gagner quoi que ce soit et nous étions à la peine.

Trois jours après, nous nous déplacions à West Virginia, où nous affichâmes une victoire 68 à 58, puis à Notre Dame, qui nous infligea une défaite de quatre points, 74 à 78. Notre Dame possédait une excellente paire d'arrières, Chris Quinn et Chris Thomas, qui nous avait fait très mal.

En février, nous engrangions une victoire contre Villanova au Hartford Civic Center qui nous remit du baume au cœur. Villanova possédait une équipe d'envergure. Kyle Lowry, freshman à l'époque, en était le meneur titulaire, secondé par des arrières de qualité tels Randy Foye, Allan Ray et Mike Nardi. C'était la meilleure ligne d'arrières de la NCAA. Contre UConn, Nardi, petit arrière blanc, marqua vingt-cinq points, sans forcer. Je pensais qu'il ferait une belle carrière NBA, ce sera finalement le destin de Kyle Lowry, futur champion de la grande ligue américaine.

Trois jours après, nous continuions sur notre lancée en nous imposant à Saint John's 68 à 46.

La saison américaine de basket était aussi intense que courte, Coach Calhoun nous avait prévenus. Elle démarrait en novembre et se terminait en mars. Les semaines avaient filé à toute vitesse et nous étions déjà en février. Pour le match aller contre Syracuse, une université énorme à l'équipe de basket redoutable, composée des excellents Gerry McNamara, Hakim Warrick, Josh Pace, Darryl Watkins et Demetris Nichols, classée au même niveau que UConn, je réalisai, sur le trajet qui nous menait au Carrier Dome, qu'il me restait très peu de temps au sein des Huskies.

J'avais peu joué jusqu'alors, et je risquais de ne pas jouer beaucoup avant la fin de la saison. Je pris conscience que j'avais intérêt à profiter de tout ce qui était mis à ma disposition pour continuer de m'entraîner et progresser au maximum. Tout ce qui était pris n'était plus à prendre.

Avant chaque début de match, les joueurs avaient la possibilité de s'échauffer librement pendant plusieurs minutes. D'habitude, mes coéquipiers restaient dans les vestiaires discuter entre eux et attendaient le signal pour entrer sur le terrain. Je préférais m'y trouver le premier.

Comme à mon habitude, je demandai à Ben ou à un autre manager de me faire travailler quelques tirs.

Je me levai et quittai les vestiaires. Le Dôme de Syracuse était l'une des plus grosses infrastructures dans lesquelles il nous serait donné de jouer durant la saison, il accueillait jusqu'à cinquante mille spectateurs. Lorsque je pénétrai dans l'arène avec mon maillot des Huskies, les supporters adverses couleur orange, symbole de l'Université de Syracuse, se mirent à hurler et à m'insulter. C'était hostile et effrayant. Tous les regards étaient braqués sur moi. J'avançai presque vacillant vers notre panier, lorsque subitement la foule se tut tout à fait, laissant place à un silence angoissant. Soudain, les huées reprirent en même temps, démontrant une organisation collective sans faille des supporters.

J'essayai de ne pas leur montrer ma panique totale. Je me mis à dribbler, mais comme mes mains tremblaient, mon geste se fit maladroit et la balle me rebondit sur le pied tel un basketteur débutant. La foule se mit à rire à l'unisson d'un rire gras et moqueur. Je rattrapai la balle, repris mon action et me dirigeai vers le panier pour faire un premier tir… que je manquai…

– Bouuuh ! Bouuuh ! criait la foule surexcitée, traduction de notre « ouh » français.

Soudain, tout s'arrêta net. J'entendis brièvement le crépitement d'un haut-parleur mais n'y prêtai guère d'attention. Un silence de mort s'ensuivit comme le calme avant la tempête. Seul le rebond de la balle résonna dans l'arène gigantesque. Je la rattrapai et me préparai à tenter un nouveau panier en sachant pertinemment que cette foule hostile préparait un mauvais coup.

Brusquement, une voix résonna dans tout le stade, un étudiant, sûrement le leader des supporters adverses, hurla dans le haut-parleur :

– Hé, regardez, il perd ses cheveux !

Alors les cinquante mille fans reprirent en chœur :

– Il perd ses cheveux ! Il perd ses cheveux ! Il perd ses cheveux !

Malgré mon cœur qui battait à tout rompre et mes jambes flageolantes, je résistai à l'envie de disparaître, mais en réalité j'étais au bord de l'évanouissement.

La foule des supporters continuait de marteler en cadence « Il perd ses cheveux ! Il perd ses cheveux ! » avec une haine à peine dissimulée. J'espérais qu'il n'y en avait pas quelques-uns qui auraient l'idée de descendre pour me lyncher… J'allais me réveiller, ce n'était pas possible, c'était à la fois drôle et cauchemardesque. Le leader au haut-parleur ne me lâchait plus. Il enchaîna sur une autre boutade :

– Il est trop vieux pour jouer ! Ce n'est pas un étudiant, c'est un père de famille !

Et tout le stade reprit à l'unisson :

– C'est un père de famille ! C'est un père de famille ! C'est un père de famille !

Mais ce n'était pas fini…

Le leader vocal demanda au stade de s'arrêter de brailler, comme pour me défendre, et à nouveau le silence se fit dans une discipline militaire.

– Arrêtez maintenant, si ça se trouve, c'est un mec bien. Laisse-le tranquille, Syracuse. Hey mec, comment tu t'appelles, m'interpella-t-il avec son haut-parleur.

Je ne lui répondis pas la première fois et continuai à m'échauffer.

– Mec, tu peux me répondre, j'arrête de déconner avec toi, je suis sérieux maintenant. Comment tu t'appelles ? T'as même pas de nom sur ton maillot.

Les cinquante mille spectateurs éclatèrent de rire puis il réitéra sa question :

– Allez, quel est ton nom, mec ?

Je décidai de lui donner une chance.

– Je m'appelle Sami, lui criai-je.

– Quoi ?

– Sami !

– OK, Sami…

Puis il se tourna vers la tribune étudiante et cria :

– Les gars, il s'appelle Sami. Tous avec moi : Sami ! Sami ! Gros pédé, gros pédé, gros pédé ! Sami ! Sami ! Gros pédé, gros pédé, gros pédé !

Là, c'était le coup de grâce : cinquante mille personnes qui m'insultaient gratuitement ! Et le pire, c'est que l'orchestre de Syracuse accompagnait en rythme leurs insultes dans la joie et la bonne humeur. Je décidai de le prendre à la rigolade et continuai à tirer au panier, néanmoins humilié, en bon dindon de la farce.

– Dis-moi, ils ont l'air de t'adorer ici ! se moqua un Ed hilare, arrivé quelques minutes après moi.

– Quelle cote, Sami Amazing ! renchérit Ryan, mort de rire. Tu nous auras tout fait, toi !

Mon calvaire prit fin lorsqu'on annonça l'entrée des joueurs de Syracuse. Leurs supporters leur vouaient un véritable culte. Ils m'oublièrent instantanément. Quel drôle de moment !

Les étudiants supporters usaient souvent de ces méthodes pour déstabiliser les joueurs adverses. Ils pouvaient huer frénétiquement pendant tout le match et railler avec parfois beaucoup de méchanceté. Après les moqueries au sujet de mon début de calvitie, c'est Charlie Villanueva qui fut victime des supporters. À la fin de la première mi-temps, on les vit brandir de grandes affiches le comparant à Shrek parce qu'il était atteint d'une maladie génétique, l'*alopecia universalis*, qui lui faisait perdre ses cheveux et ses sourcils et le laissait complètement chauve à tout juste vingt ans.

Ressentir toute cette hostilité m'ébranla quelque peu car, novice dans un championnat de si grande envergure, j'étais encore émotif et n'avais pas eu le temps, en quelques mois, de me forger une solide carapace. Si quinze mille personnes pouvaient scander mon nom avec passion au point de m'en donner le vertige, à l'inverse, cinquante mille personnes pouvaient me tailler un costard au point de me couper les jambes. Quant à mes coéquipiers, certains d'entre eux, déjà fins stratèges, me rappelèrent qu'à un tel niveau de compétition c'était la loi de la jungle qui prévalait, et qu'il me fallait prendre conscience qu'il n'était plus là question de « rêve américain ». Les États-Unis, c'était certes le pays de Mickey mais pas celui des Bisounours, il fallait se battre tous les jours et rien n'était jamais acquis.

Durant les premiers mois de la saison de basket, je tentai de m'intégrer, de rattraper le niveau des autres gars et perdis beaucoup de temps à comprendre et à me faire comprendre, mais peu à peu j'appréhendai mieux les choses jusqu'à me sentir presque en confiance sur le terrain et à m'affirmer davantage. Cela n'échappa pas à Marcus Williams qui savait que je lorgnais sur son temps de jeu. Il était meneur titulaire et si Calhoun m'accordait quelques minutes, c'était forcément à ses dépens vu que nous occupions le même poste. Or, l'enjeu pour Williams était si énorme — c'était un prospect NBA et si tout se passait comme prévu, il intégrerait une équipe professionnelle l'année suivante, avec un gros contrat à la clé — qu'il protégeait son territoire coûte que coûte.

Quelques jours avant le match contre Buffalo, Marcus Williams, qui s'était blessé au genou et savait qu'il jouerait peu, entama un travail de sape médiatique à mon encontre. Dans une interview, il hiérarchisa habilement son discours, encensa Ryan Thompson, qui était ailier et dont il n'avait rien à craindre, et me descendit.

– Ryan est un bon joueur. On joue bien ensemble, il peut même venir en soutien à la mène. Je pense qu'il fera de très bonnes choses à ce poste, assura-t-il, semant le trouble.

– Et Sami, demanda le journaliste, il est meneur aussi ?

– Ah Sami… répondit Marcus en riant. Sami sera toujours Sami, un type gentil, plein de bonne volonté mais on ne comprend pas toujours ce qu'il dit malheureusement… Parfois il annonce des systèmes et on se demande ce qu'il dit… À ce poste, c'est important de bien se faire comprendre.

Williams était sûr de marquer des points et de m'ôter toute crédibilité. Un meneur ayant pour rôle d'annoncer le nom des systèmes, forcément, s'il n'était pas compris de ses coéquipiers, cela pouvait mettre sérieusement l'équipe en difficulté. Aucun coach digne de ce nom ne pouvait à un tel niveau de compétition s'autoriser à prendre ce genre de risques.

Un jour, lors d'un entraînement, j'annonçai un système :

– *Corner!*

– Quoi ? firent Rashad Anderson et Josh Boone.

Je répétai plus fort :

– Cornère !

– Quoi ?

J'articulai :

– Cor-nè-re !

Les gars restaient cois.

– Cornère, insistai-je en faisant des gestes pour me faire comprendre.

Le jeu perdit de son rythme et se fit hésitant, les gars se mirent à rire ouvertement de moi et Calhoun tapa du pied.

– Qu'est-ce que vous foutez, bordel ? Henri ?

– On comprend rien à ce qu'il raconte, Coach ! fit remarquer Williams.

Puis frappant dans ses mains nerveusement, Calhoun remit les pendules à l'heure :

– Allez, reprenez ! Du nerf, là ! Fais-toi comprendre, Sami !

Je compris plus tard que je devais prononcer « côrrneurr » au lieu de « cornère » à la française.

Si Williams disait vrai, il oubliait volontairement un détail important : le basket est un sport universel. Si on ne parlait pas la même langue, on pouvait parler la même langue sportive, et c'était là l'essentiel. Le reste viendrait en son temps…

Le 13 février, nous affrontions la légendaire équipe de North Carolina à Hartford. En apercevant les joueurs adverses s'échauffer avant le match, je reconnus le maillot blanc et bleu ciel avec lequel Michael Jordan avait été champion en 1982 grâce à son tir victorieux. J'eus du mal à cacher mon émotion.

Souvent, dans les matchs universitaires, les anciens joueurs de la fac passés en NBA venaient encourager leur université d'origine. Et pendant ce match étaient présents dans les tribunes le grand Michael Jordan, tout comme Rasheed Wallace, Isaiah Thomas, Larry Bird et Jerry West. Tous ces grands noms étaient venus superviser la rencontre pour y approcher les futurs joueurs que la NBA allait drafter quelques mois plus tard. Et il y en avait autant côté UConn que côté North Carolina avec Sean May, Rashad McCants, Raymon Felton, Jawad Williams, Marvin Williams ou encore David Noel, tous futurs joueurs de la prestigieuse ligue américaine.

Ce match intense et très disputé connut de multiples rebondissements. Jawad Williams scora 18 points et prit 12 rebonds,

Raymond Felton fut le boss sur le terrain en scorant 16 points et 10 passes décisives, tout comme Sean May. Marcus Williams, malade, fit un excellent match avec 18 points et 8 passes décisives. Josh Boone, Rudy Gay et Denham Brown firent aussi un solide match dans un Hartford Civic Center plein à craquer.

Nous perdîmes de sept points, 70 à 77, contre une équipe de North Carolina qui battra un record cette année-là : avoir quatre joueurs au premier tour de la *draft*. Une défaite sur des détails… North Carolina était considérée comme la meilleure équipe NCAA, perdre contre les meilleurs de sept points augurait quand même de belles choses pour l'avenir.

Mi-février, nous affrontâmes Providence, du redouté Ryan Gomes, au Dunkin Donuts Center, à Providence. Le match fut irrespirable, la presse locale reprochait à Calhoun de ne pas avoir recruté Ryan Gomes alors qu'il était un enfant du Connecticut. Calhoun eut une altercation avec un journaliste à ce sujet en conférence de presse. Remporter la victoire en double prolongations le conforta dans sa décision, il eut le dernier mot en gagnant à Providence. Dans le vestiaire, il félicita les joueurs avec sincérité et nous prîmes la direction de l'hôtel. Après une bonne douche, nous nous retrouvâmes au restaurant de l'hôtel avec les coachs dans une ambiance bon enfant. Le lendemain nous retournions sur le campus.

Fin février, à quelques jours du début du tournoi NCAA, une nouvelle inattendue changea la donne. Calhoun fit son entrée pendant que nous nous échauffions. Comme l'usage le voulait, nous l'applaudîmes jusqu'à ce qu'il nous fasse signe d'arrêter.

Il prit un air beaucoup plus solennel que d'habitude et se lança :

– Messieurs, j'ai une mauvaise nouvelle à vous annoncer : votre coéquipier A.K. a été pris hier soir en possession de marijuana. Il a été exclu et ne fait plus partie de cette équipe. Il quittera le campus dans les jours qui viennent. Nous ferons en sorte, le staff et moi-même, que cette histoire ne bouleverse pas plus que ça l'équipe et sa progression.

Un murmure parcourut Gampel.

Calhoun poursuivit :

– À partir d'aujourd'hui, nous aurons besoin de tout le monde… J'ai bien dit « tout le monde » ! Aussi bien les remplaçants que la yellow team.

Pendant tout l'entraînement, ces deux nouvelles inespérées — ne plus voir A.K. et avoir peut-être la possibilité de plus de temps de jeu — nous transportèrent. Le malheur des uns faisant aussi le bonheur des autres, ce n'était pas faute de l'avoir prévenu des dangers de son attitude néfaste.

L'autre sujet de satisfaction était que mes amis d'enfance de Saint-Denis venaient me rendre visite à UConn et arriveraient quelques jours plus tard. En France, deux d'entre eux commençaient à se faire connaître du public par le biais du slam et du cinéma. Le fait de les revoir en chair et en os dans ce contexte me faisait un effet particulier car nous rêvions ensemble de la NCAA depuis que nous étions gamins. Je les avais rencontrés dans le cadre du basket, l'un avec son petit frère sur les playgrounds de Saint-Denis quand j'avais douze ans, et l'autre deux ans plus tard lors d'un stage d'été de basket dans une colonie de vacances de la ville de Saint-Denis. Nous avions tout de suite accroché et étions vite devenus inséparables. En plus d'être mes meilleurs amis, ils étaient les mieux placés pour comprendre à quel point je vivais là une expérience folle et c'est dans l'avion qui les menait à UConn, inspirés par l'aventure que je vivais, qu'ils écrivirent un texte qui parlait de persévérance et d'espoir intitulé « Ça peut chémar ».

En prévision de leur arrivée, j'allai voir Alain Lescart et Eliane DalMolin du Département de français pour leur annoncer l'arrivée imminente de trois grosses stars françaises…

– J'ai trois amis français qui arrivent la semaine prochaine, ce sont des artistes. Mais attention, en France, ce sont de très fameuses vedettes ! Ce serait bien si on pouvait organiser quelque chose…

– Oui, c'est une bonne idée, Sami. Je pense qu'on pourra organiser un petit événement… Je vais voir ça… m'assura Eliane.

– Je vais m'occuper de la com, renchérit Alain, très enthousiaste.

Je ne mentais pas complètement en les vendant comme de très grosses stars, je prenais juste un peu d'avance sur les belles carrières qu'ils feraient par la suite.

Comme je savais que je ne serais pas très disponible pendant leur séjour, je pris soin de leur organiser un programme sur mesure.

– Les filles, dis-je à mes amies du campus, trois de mes potes débarquent la semaine prochaine. Mais attention, ça n'est pas n'importe qui ! Ce sont des hits en France. Ils sont poète, acteur et réalisateur, et en plus, ils sont beaux gosses… Ils feront une soirée culturelle rien que pour vous.

Le petit événement annoncé par Alain Lescart et Eliane DalMolin prit une ampleur majeure lorsque le Département de français lança sur le campus une vraie campagne de communication à l'américaine et annonça à grand renfort de prospectus, d'affiches et de mailings l'arrivée de trois « grandes stars françaises du slam et du cinéma », la Nouvelle Vague version Saint-Denis Style…

Quand j'informai mes amis qu'ils auraient l'occasion de se produire devant un public américain, les gars qui n'avaient joué que devant un auditoire plutôt restreint en France s'attendirent au même accueil. Quand ils apprirent qu'ils se produiraient dans un théâtre de deux mille places, ils réalisèrent soudain où ils avaient mis les pieds et ressentirent, comme moi à mes débuts dans l'équipe, une sensation de vertige et une montée d'adrénaline.

Leur séjour leur donna un petit aperçu du rêve américain. On leur réserva le meilleur accueil sur le campus, les filles francophiles auxquelles j'avais survendu la cote de mes potes furent aux petits soins pour eux. Comme j'étais souvent pris par mes entraînements, elles me relayèrent pour leur faire visiter le Connecticut, découvrir la vie sur le campus et faire la fête. Chacun profita de ce succès inespéré pour se laisser griser. Mes amis kiffèrent au point de ne plus vouloir repartir.

Leur arrivée sur le campus coïncida avec le moment où la presse m'interviewa sur le départ d'A.K. et le fait que je serais susceptible de jouer davantage. Mes amis me virent à la télé locale et en furent très fiers. En réalisant mon rêve de NCAA, je réalisais un peu le leur, car les basketteurs que nous étions avions toujours rêvé de jouer à un tel niveau, le basket universitaire américain restant à nos yeux le meilleur au monde.

Leur séjour sur le campus me permit de me ressourcer et fut une vraie bouffée d'air frais. Ensemble nous retrouvions nos délires et nos chambrettes de toujours. Dans ma petite chambre d'étudiant, exit les « stars » du basket, du slam ou du cinéma, nous redevenions les potes de Saint-Denis que nous avions toujours été : quatre sales gosses qui croyaient en leurs rêves, passaient la nuit à rigoler, à se charrier, et qui comme quatre clandés finissaient par s'endormir les uns sur les autres, par terre, tête-bêche, là où il y avait de la place dans cette cellule universitaire de huit mètres carrés si hospitalière.

Il ne restait plus que quelques matchs avant la fin de la saison. A.K. parti, je pris une place plus importante au sein de l'équipe et me retrouvai meneur numéro deux à l'entraînement. Si Calhoun m'accorda quelques minutes de temps de jeu à chaque match, mes matchs à moi eurent lieu à Gampel lors des *practices* où, confronté à Marcus Williams, je menais sur le terrain, dans l'équipe des remplaçants et non plus de la yellow team, une défense de forcené, comme à mon habitude.

Cette année-là, Marcus fit une grosse saison à UConn. Nommé meilleur meneur et meilleur passeur de la NCAA, il fut drafté au premier tour de la NBA. Les coachs s'accordèrent pour dire qu'il avait progressé en partie grâce à mon harcèlement défensif sur lui, le stimulant et le poussant dans ses retranchements pour se surpasser.

Lors d'une conférence de presse, Calhoun eut ces mots :

– Sami a été une aubaine pour nous. Il a été un excellent élément. Il a beaucoup donné de sa personne tout au long de l'année et a poussé ses coéquipiers à donner le meilleur d'eux-mêmes. Il a un jeu européen assez cadré et c'est aussi un joueur de playground instinctif.

L'autre chose intéressante était que financièrement je leur permettais une économie substantielle, puisque je ne leur coûtais quasiment rien quand un joueur boursier leur coûtait environ quatre-vingt mille dollars l'année.

Comme j'avais vingt-cinq ans et un statut de joueur senior, à une semaine du match retour contre Syracuse, Calhoun annonça dans les vestiaires :

– Samedi prochain, avant le match contre Syracuse, nous ferons la Senior Night pour Jason et Henri… Lors de la cérémonie, je vous remettrai votre maillot de l'équipe, Messieurs. Prévenez vos proches… Ce sera un grand moment pour vous et vos familles, les garçons.

– C'est quoi la Senior Night? demandai-je un peu plus tard à Jason Baisch.

– En fait, pour le dernier match de la saison à domicile, le coach remet symboliquement aux joueurs de dernière année le maillot de l'équipe. C'est une façon de nous rendre hommage et de souligner le fait qu'on joue aux couleurs de la fac pour la dernière fois.

De retour dans ma chambre, j'appelai les miens pour les convier à l'événement. Habitué à l'enthousiasme excessif des Américains, je m'attendais à une réaction similaire de la part de ma famille. Ce fut la douche froide.

Mon frère, jamais avare d'une charriade : Ben oui, bien sûr il y a un aérodrome près de ta chambre, bien sûr que c'est bon! Je prends mon « jet concorde » au Bourget et j'arrive dans trois heures.

Ma sœur cadette : T'es marrant toi, tu nous préviens cinq jours avant. J'ai un taf, je peux pas partir comme ça du jour au lendemain aux USA.
Ma sœur aînée : Pourquoi tu nous as pas dit ça plus tôt ? Mon passeport est périmé, ça va être chaud pour venir…

Je me voyais bien encore assisté d'Holly et son maillot de Sue Bird…
Mon frère : Hahaha, tu crois pas que je vais mettre six cents euros dans un billet d'avion pour venir voir ton entraîneur te donner un tee-shirt dans un gymnase ? T'as craqué, toi !

Évidemment, personne ne pouvait s'imaginer l'ampleur de l'événement, moi le premier.
Moi : Allez, venez, s'il vous plaît… Ça la fout mal si personne de la famille ne fait le déplacement. Je vais encore avoir l'air d'un con, moi.
Ma sœur cadette : Bon, OK, je vais voir ce que je peux faire…

Finalement, elle me rejoignit la veille de la Senior Night et passa une semaine avec moi. Je ne la vendis pas comme une star mais elle fut accueillie chaleureusement par tous dès lors que je la présentais comme ma sœur. Jennifer eut la gentillesse de lui laisser sa chambre et, pendant huit jours, elle vécut sur le campus comme une étudiante américaine. Très attachés l'un à l'autre, nous fûmes très émus de nous retrouver, mais nous passâmes au bout du compte peu de temps ensemble. J'étais non seulement très pris par le basket, mais également très sollicité sur le campus.

– Eh ben, Sami, t'es devenu une star ! Pourquoi tu ne nous as rien dit ? T'es grave, toi !

– Bah, je suis pas une star…

– Hey Sami… You're amazing! héla un jeune garçon qui passait près de nous.
– Ben si, t'es une star, on peut pas faire trois pas sans que quelqu'un vienne te parler.
– Ouais, vite fait alors…
– Hey Sami, on te voit à l'Euro Night vendredi soir ? Oh, excuse-moi, je vois que tu es en charmante compagnie…
– Oui, très charmante, c'est ma sœur !
– Oh, c'est ta sœur, ah OK. Hey, enchanté ! Je suis John. Bienvenue à UConn, Sami's sister !

John la hugga.
– Euh… enchantée ! fit-elle, gênée.

Elle aussi trouvait le hug étrange.
– Je confirme : c'est chelou, leur truc de hugger… Ils font pas la bise ici, ils te serrent dans leurs bras comme si tu faisais partie de leur famille. J'ai toujours pas réussi à m'y faire depuis que je suis là… Je n'ai fait que me prendre des vents à leur caresser l'oreille avec ma bouche ! Je passe pour un mec chelou.

Sur le chemin nous menant au Starbucks — enseigne qui commençait alors tout juste à s'implanter aux États-Unis —, nous passâmes devant Gampel où plusieurs tentes de camping avaient germé le long des arcades.
– C'est chaud ce pays quand même, y'a des SDF jusque dans les facs…
– Hahaha, mais non, ce sont des gens qui campent là pour être sûrs d'avoir des tickets pour le match de samedi.
– Arrête tes conneries ! Ils campent là, dans le froid, juste pour un match de basket ? Ils ont vraiment rien à faire, les gens…

– Non mais ici, le basket, c'est la folie, c'est une religion ! Tu vas flipper samedi, ça n'a rien à voir avec les matchs de N3 auxquels t'as pu assister à Poissy.
– Ah ouais, tes vieux matchs qui foutaient le cafard, on devait être cinquante pelés dans les gradins… Héhé, grosse ambiance du samedi soir !
– C'est ça, fous-toi de ma gueule !
– Oh mais non, t'es mon petit frère adoré… Et n'oublie pas que j'ai fait huit heures de vol pour tes conneries… Et dans l'avion, mon voisin de droite ronflait et celui de gauche se raclait la gorge parce qu'il avait des glaires, donc rien que pour ça, tu me dois le respect !

Au Starbucks, alors que nous nous étions installés dans un petit coin que je pensais à l'abri des regards, plusieurs personnes me saluèrent de loin ou se succédèrent à notre table pour échanger quelques mots.
– On peut pas être tranquille cinq minutes… On dirait un homme politique en campagne électorale. Je pensais pas que c'était ça, ton année Erasmus.
– C'est pas Erasmus… C'est spécialisé dans les échanges franco-américains.
– Ouais, bon, dans le principe, c'est pareil. Nous on t'imaginait petit quotidien pépère : je vais en cours, je rentre dans ma petite chambre, de temps en temps je sors faire la fête et je tape un peu dans le ballon histoire de…

En sortant, nous aperçûmes Rudy Gay qui se dirigeait vers Gampel.
– Wouah, il est immense, le mec !

– Ils sont tous comme ça dans l'équipe… à part moi, un petit poney fougueux.
– N'empêche, t'es devenu une masse. T'as vachement pris en muscles…
– C'est les entraînements et la muscu, ma sœur, on bosse comme des chiens ici ! Justement, je vais devoir te laisser, c'est l'heure.
– Je peux venir voir l'entraînement ?
– Impossible ! On n'a pas le droit d'amener quelqu'un de l'extérieur…
– Mais je suis ta sœur ! Dis-lui à ton coach que je fais pas dans l'espionnage industriel…
– C'est comme ça ici. Ils ont un règlement ultra strict, même les meufs des joueurs ne peuvent pas assister à l'entraînement… Mais t'inquiète, j'ai une copine qui va venir te chercher et te faire visiter le coin. Je lui ai dit de te retrouver devant le Co-op à 15 h.
– Comment je vais savoir qui c'est ?
– T'inquiète… Elle connaît déjà tout de toi ! Je l'ai briefée.
– Si tu lui as dit la même chose qu'à moi, on n'est pas dans la merde…

Le soir, je la retrouvai dans sa chambre et l'emmenai dîner, pas peu fier de pouvoir payer l'addition avec mes primes de repas. Après que le serveur eut pris la commande, elle s'exclama, ravie :
– Ils sont vraiment sympas, les serveurs, ici. Ils ont toujours le sourire, ils discutent avec toi, ils sont aux petits soins. Ça change…
– Ouais ben ne t'y fie pas trop, ils sont juste intéressés par l'oseille que tu vas leur laisser à la fin. Ça marche comme ça aux States, c'est le tip avant tout, le pourboire..

– Ah OK… enfin, bon, c'est quand même plus agréable avec le sourire, et au moins tu sais pourquoi tu leur laisses quelque chose en partant…

– Et sinon, raconte-moi un peu, les parents, la famille, les amis, la vie du quartier…

– Oh ben, c'est toujours pareil… Tout le monde va, personne n'a fait fortune, tu retrouveras toute la loose que tu as laissée en partant, les mêmes fous du bout de la rue, t'inquiète ! Même tes lits superposés sont toujours là, ils te réclament !

– Ah, je les avais oubliés, ceux-là… Mes fidèles lits superposés…

Le match contre Syracuse clôturait le championnat de la Big East Conference. Je retrouvai mes coéquipiers quelques heures avant la rencontre pour retravailler quelques schémas tactiques et déjeuner ensemble. À 14 h, ma sœur me rejoignit à Gampel pour un petit cocktail donné en l'honneur de Jason Baisch et moi.

– C'est quoi tout ça ? s'exclama-t-elle avec excitation. Y'a plein de journalistes dans le couloir !

– Je t'avais dit, ici, c'est du sérieux le basket, et c'est que le début, tu vas voir…

– Eh, elles sont pas un peu trop grandes pour toi tes fringues ? Tu nages dans ton short !

– Hey Sàààmi ! How are you ?

– Ah Holly, comme ça me fait plaisir que tu sois venue !

– Mais c'est un honneur pour moi, Sàààmi, d'assister à ta Senior Night.

Je ris, quelque peu gêné. Elle se mit à regarder étrangement ma sœur, je pris les devants des présentations, craignant qu'elle fasse encore des siennes.

– Holly, je te présente ma sœur, Nadia.
– Tu es la sœur de Sàààmi ? Oh, mais c'est extraordinaire ! Je suis vraiment vraiment ravie de te rencontrer, Sàààmi est si amazing !!! Il a beaucoup de talent. On a beau le lui répéter, il ne veut pas le reconnaître. Il est vraiment trop modeste !
– Ah bon ? fit ma sœur, surprise.
– Holly a assisté à tous mes matchs et c'est grâce à elle que j'ai intégré l'équipe de basket. Sans elle, rien de tout cela ne serait arrivé.
– Oh Sàààmi ! me fit Holly en me serrant contre elle. Tu n'as pas à dire ça, tu mérites ce qui t'arrive !
– Tu es adorable, Holly. Merci encore pour tout.
– Et c'est une fierté pour moi d'être là comme membre de ta famille…
– Eh ben, me dit ma sœur en aparté, elle a l'air de te kiffer, celle-là… Elle s'est carrément immiscée dans notre famille. Je ne savais pas que j'avais une cousine américaine amoureuse de mon frère !
– Mais arrête, elle pourrait être ma mère… Notre mère, pardon.

Tandis que j'écoutais Holly discourir sur la manière dont elle pensait gérer mon hypothétique carrière, Coach LaFleur s'approcha de ma sœur.
– Bonjour, je suis Andre LaFleur, un des coachs de basket. J'ai entendu dire que vous étiez la sœur de Sami ?
– Euh oui…
– Alors que pensez-vous de tout ce qui lui arrive ?
– C'est génial !
– Vos parents doivent être fous de joie ?
– Oh ouiiiiii ! Hein, Sami, ils sont contents, les parents ? Surtout

que tu ne leur as rien dit ! Comme à moi d'ailleurs…
– Quoi ? Il ne vous a rien dit de ce qui lui est arrivé ici ? Hahaha… C'était la surprise alors… Votre frère est vraiment quelqu'un de cool… Et il bosse dur, dans son coin, humblement.
– Mais euh… ils savent tous, ici, que t'habites dans le 9-3, rue de la Mort, au-dessus des pompes funèbres, en face de l'hôpital avec vue sur la morgue, et qu'à vingt-cinq piges, tu dors encore dans des lits superposés ?
– Hahaha, c'est notre secret, ma sœur. Si tu leur dis d'où l'on vient, ils vont déprimer. Pourquoi tu veux briser le mythe ?
– Le mythe ? Le mytho, oui ! Hahaha !
– Excusez-moi, Sami, c'est bien votre sœur, n'est-ce pas ?
J'acquiesçai.
– Je suis journaliste au *Inside Connecticut* et j'aimerais beaucoup vous interviewer, Miss Amezaiani…
– Ah bon ? fit-elle en relevant la tête, étonnée. Bien sûr, avec plaisir ! Mais notre nom de famille, c'est Améziane.

L'interview terminée, plusieurs personnes du staff échangèrent quelques mots avec nous, puis Patrick Sellers remit à ma sœur un bouquet de fleurs — bouquet qu'on offrait traditionnellement à la mère du joueur —, et lui précisa de le garder avec elle pendant la cérémonie.
– Sami, je reviens te voir quand tu veux. J'adore ! Je ne sais même pas pourquoi je suis là mais tout le monde me traite comme une star. C'est trop bien !
– Sami, Jason, s'exclama Patrick Sellers, la cérémonie va commencer ! Sami, tu seras le premier à entrer sur le terrain, puis ce sera ton tour, Jason…

Je pris ma sœur par la taille. Je ne savais pas ce qu'il fallait faire exactement ; elle, encore moins. Ensemble nous avançâmes dans le couloir jusqu'à l'entrée du terrain. L'orchestre de UConn entonna l'hymne national américain, le brouhaha s'arrêta net, les gens étaient tous debout. Nous observâmes. Le moment était solennel.

– J'ai envie de pleurer, murmura-t-elle.

– Ah non, commence pas. Si tu pleures, je pleure…

Dans son micro, le présentateur annonça :

– Mesdames et Messieurs, pour la Senior Night 2005, nous avons l'honneur de remercier Saaami Amézíiiane, 1m75, meneur, venant du lycée Paul-Éluard à Saint-Denis, France. Améziane, un membre des UConn Huskies au poste de meneur de jeu. Il est accompagné de sa sœur, Nadia. Veuillez applaudir le numéro 10, Saaami Améziiiane !!!

Dans les gradins noirs de monde, la foule m'ovationna. Conscient d'arriver au terme d'une année merveilleuse et irréelle, j'évitai de croiser le regard de ma sœur car l'émotion était à son comble. Partager ce moment avec un membre de ma famille rendait la cérémonie plus unique encore.

– C'est un truc de fou, Sami ! C'est quoi, tout ce monde ?

– Oh, il doit y avoir quinze mille personnes qui applaudissent. Quand tu vas raconter ça à la maison, ils voudront t'interner !

– Oh la la, me dis pas ça, je vais tomber dans les pommes…

– T'as bien fait de venir !

Le cœur battant, nous traversâmes le terrain sous le regard des caméras, des journalistes, du public, des pom-pom girls, de l'orchestre, de mes coéquipiers, Gampel pavilion rempli. Au centre,

Coach Calhoun, très distingué dans son costume, nous attendait pour me remettre mon maillot de l'équipe encadré. Il donna une franche poignée de main à ma sœur, qui évita soigneusement le hug, me serra la main à mon tour puis me tendit mon maillot des Huskies.

– Félicitations, Sami ! Tu as fait du bon travail ! Je suis heureux de te remettre ton maillot de l'équipe.

– Merci, Coach, merci beaucoup ! fis-je, ému.

Je me tournai vers le public, tendis les bras bien haut en brandissant le cadre contenant mon maillot de l'équipe, pivotai sur moi-même afin que tout le monde puisse le voir et que je puisse les remercier. Le public m'acclama et applaudit longuement, puis je pris la pose devant les photographes avant de quitter le terrain, ma sœur à mes côtés, et de laisser la place à Jason Baisch.

– Sami, je n'oublierai jamais ce moment, fit ma sœur les yeux brillants. C'était exceptionnel ! J'ai eu des frissons tout le long !

– Moi non plus, ma sœur, et je suis content qu'on ait partagé ça ensemble…

Je la serrai contre moi puis lui indiquai le carré VIP où elle put rejoindre Holly, tout aussi émue, pour suivre le match en direct, et retournai auprès de mes coéquipiers. Dans les vestiaires, Calhoun nous fit un dernier briefing.

– Finale de la Big East, Messieurs ! Nous y sommes. Vous connaissez déjà nos adversaires, vous connaissez leurs atouts et leurs faiblesses. Vous êtes là pour la victoire, soyez offensifs, soyez à fond, soyez vous-mêmes ! Ne laissez pas Syracuse imposer son rythme. Gardez toujours votre objectif en tête… Soyez déterminés, et aimez le jeu ! C'est parti !

Il marqua une pause.

– Quel est votre objectif ?

– Gagner ! Let's go, Huskies !

Face à nous, Syracuse, humiliée par sa défaite de février au Carrier Dome — nous avions gagné 74 à 66 —, était bien déterminée à prendre sa revanche. Le match démarra serré. Pendant le premier quart-temps, Syracuse multiplia les tirs extérieurs, accéléra le jeu et mena légèrement, mais très vite l'écart se creusa en notre faveur. Denham Brown, déchaîné, marqua à plusieurs reprises. Charlie Villanueva, résolu à marquer les esprits et à obtenir le trophée de la Big East, dunka avec la puissance dont seul ce colosse de 2m11 était capable. UConn prit le contrôle du match dès le deuxième quart-temps. Sur le banc, j'admirais le jeu de mes coéquipiers, redoutablement efficaces en ce jour de finale. Syracuse était à la traîne et essayait tant bien que mal de garder le cap. J'étais fier d'avoir fait partie de cette aventure et d'avoir souffert dans l'effort aux côtés des célèbres Huskies. Et je mesurais comme le temps était passé vite dans cette parenthèse inattendue.

Pendant que je me faisais cette réflexion, les supporters de UConn se mirent à scander mon nom en battant la mesure. C'était reparti !

– We want Saaami ! We want Saaami ! We want Saaami !

En balayant les gradins du regard, je croisai le sourire béat de ma sœur qui, son bouquet de fleurs à la main, semblait ne pas en croire ses oreilles.

À trois minutes de la fin du match, tandis que nous menions déjà de vingt points, Calhoun me fit signe d'entrer sur le terrain. Dans les gradins, l'hystérie et la Husky « mania » s'étaient emparées de ma sœur qui, comme Holly, s'époumonait à crier mon nom.

Était-ce l'énergie communicative de mes coéquipiers, la confiance en moi acquise au fil des mois ou la victoire déjà acquise ? Je me sentais enfin totalement dans mon élément. En une fraction de seconde, j'analysai les positions, annonçai une action, dribblai et passai la balle à Josh Boone. Ce dernier esquiva l'ailier de Syracuse et passa la balle à Rudy Gay qui marqua à 3 points. Les supporters se levèrent et entonnèrent *UConn, Huskies*, l'hymne de notre équipe, que tout le monde reprit en chœur. Galvanisé comme jamais, je courais comme un forcené pour défendre dur sur le meneur adverse. En récupérant la balle, je jouai en 1 contre 1 le meneur adverse, lui passai un crossover au ras du sol pour filer au panier et donner une passe décisive à Nick, passe qui se révéla finalement indécisive puisqu'il rata le lay up sous le panier. Mais qu'importe… Il m'avait fallu six mois de souffrance et de travail acharné pour en arriver là. Je n'avais plus d'inhibitions, j'avais confiance en moi, je connaissais les schémas tactiques par cœur, j'avais acquis le respect de mes coachs, de mes coéquipiers, des fans. Pour une fois, je me sentais à ma place et je ne culpabilisais plus d'avoir eu de la chance ou un destin que je n'avais pas mérité.

Le commentateur signala un changement : Calhoun fit sortir Charlie Villanueva pour faire entrer Jason Baisch. À l'occasion de la Senior Night, nous avions tous deux droit à du temps de jeu. Syracuse, qui profita du changement et du flottement dû à la nouvelle configuration de l'équipe pour essayer de remonter le score, tenta un *pressing* tout terrain, en vain. L'adversaire eut à peine le temps de s'organiser que nous marquâmes à trois reprises en contre-attaque, creusant l'écart de plus belle en muselant leurs stars Gerry McNamara, Hakim Warrick, Darryl Watkins et Demetris Nichols.

Lorsque le buzzer retentit, le score était sans appel : 88 à 70. Nous avions étouffé les Orange men, nous étions sacrés champions de la Big East Conference. Comme il était de rigueur, Calhoun alla saluer le coach adverse, son éternel rival et ami Jim Boeheim, pendant que les joueurs faisaient de même avec les joueurs d'en face. L'hystérie générale s'empara de Gampel pour fêter la sept-centième victoire de Coach Calhoun. Le public exulta, les gars se levèrent du banc, coururent au centre du terrain comme des fous et laissèrent exploser leur joie. On se hugga, on se félicita, on se donna des tapes amicales, on sauta sur place comme des enfants. Calhoun leva le poing au ciel en signe de victoire puis fit une accolade à George Blaney. Les assistants coachs se félicitèrent énergiquement en se prenant dans les bras, puis tous convergèrent vers le centre du terrain où nous fut remis l'énorme trophée de la Big East. Un déferlement de micros, de flashs, d'objectifs et de caméras s'abattit sur nous. Chaque radio, chaque chaîne de télévision, chaque journal, qu'il soit local, régional ou national, voulut capturer le moment et recueillir un témoignage, une impression, des larmes, un sourire, le tout sur fond de *We are the champions* de Queen.

L'euphorie qui nous avait gagné dura longtemps. La fanfare de UConn joua l'hymne de l'université en boucle pour le plus grand plaisir des supporters qui ne semblaient plus vouloir partir, les pom-pom girls dansèrent de plus belle en agitant leurs pompons, la mascotte des Huskies parada fièrement devant les caméras de télévision en agitant le drapeau de UConn. En plus d'être tour à tour interviewés et photographiés le trophée de la Big East entre les mains et le sourire triomphant aux lèvres, nous posâmes aux côtés de Calhoun à qui l'on venait d'attribuer un prix spécial pour la sept-centième victoire de sa carrière. Si j'avais voulu impressionner ma sœur, je n'aurais pu rêver meilleures circonstances. Quand je la retrouvai après le match, elle était toute chamboulée.

– Sami, c'était complètement dingue ! J'ai l'impression d'être dans un film, j'ai eu des frissons pendant tout le match, j'ai vécu un moment grandiose. On t'a toujours chambré avec ton basket mais là, franchement, respect. J'ai presque envie de m'excuser… Comme je suis fière de toi, mon petit frère !

Au même moment, plusieurs supporters s'approchèrent pour avoir des autographes et ma sœur observa la scène mi-abasourdie, mi-amusée.

– Mais quand je vais raconter ça aux autres, ils ne vont jamais le croire ! Sami qui signe des autographes… Finalement, ça valait le coup de venir et de mettre six cents euros dans un billet d'avion ! fit-elle en m'embrassant.

Comme il l'avait fait en début de saison, le journal du campus, *Inside Connecticut*, me consacra quatre pleines pages dans son édition suivante et immortalisa notre inoubliable Senior Night avec Jason Baisch. La boucle était bouclée.

Le jour suivant je réservai une surprise à ma sœur et l'emmenai passer la journée à Hartford, où nous fîmes une visite succincte de la ville et un peu de shopping au mall, le centre commercial. Ce fut notre dernière journée ensemble car le lendemain, après un

entraînement long et harassant, je lui annonçai :
– Ma sœur, on repart à New York ce soir pour le tournoi de la Big East au Madison Square Garden.
– Où ça ?
– Au Madison Square Garden, à New York.
– Ah bon ? Mais je vais faire quoi, moi, toute seule ?
– Rappelle-moi jusqu'à quand tu es là.
– Vendredi. Je t'avais demandé avant de partir, je t'ai répété deux fois mes dates, tu m'as dit que c'était bon. T'es chiant !
– Je suis désolé, j'ai zappé, entre le basket, les cours et le reste… mais t'inquiète, je vais te prévoir un bon programme, je vais appeler des copines, elles vont s'occuper de toi, te sortir et tout, tu vas adorer.

Le soir même, émus et tristes, nous nous séparâmes.
– On se revoit dans trois-quatre mois si tout va bien !
– OK Sami. Fais gaffe à toi… Et bonne chance pour ton tournoi au Garden je ne sais quoi !

Quand quelques jours plus tard je l'appelai en France pour savoir si elle était bien rentrée, elle me remercia pour la fin de son séjour.
– Merci pour ton vieux plan, au fait ! Avec le Spring Break, y'avait pas un chat sur le campus. C'est limite si je ne suis pas morte de faim, pas un magasin d'ouvert ! Après, j'ai eu droit à une tempête de neige de la mort, les routes bloquées, mon vol retardé puis annulé et mes bagages partis sans moi vers une destination inconnue. Heureusement que j'avais le numéro de Holly, elle est venue me chercher en chasse-neige avec son mec, j'ai dormi sur

son vieux canapé et elle m'a prêté un de ses pyjamas. Merci pour le super programme !

– Hahaha ! C'est une drôle d'histoire…

– Ouais, c'est ça, marre-toi, c'était un cauchemar !

– Oh, je suis désolé, ma sœur. Je ne savais pas, je pensais que tu en avais profité. T'es une sacrée poisseuse finalement ! Tu auras vécu les extrêmes en peu de temps, les montagnes russes aux USA… Welcome to America !

– C'est pas grave, ça fera des histoires à raconter. En tout cas, tu m'as émue, mon petit frère. Je t'aime.

Mythique et mondialement connu, le Madison Square Garden à New York accueillait en mars le célèbre tournoi de la Big East Conference. Celui-ci suscitait un engouement aussi fou que le tournoi NCAA et sa *March Madness*, la folie de mars. Il était retransmis sur de nombreuses chaînes de télévision et, après le Superbowl, était l'un des événements sportifs les plus suivis par les New-Yorkais, notamment par les étudiants et les anciens élèves, les *alumni*, fervents supporters de leur université d'origine.

Pour le premier match du tournoi, en tant que tenants du titre et champions de la Big East, nous retrouvions de nouveau Georgetown, de Jeff Green et de Roy Hibbert, équipe moins bien classée que nous en saison régulière mais très respectée et éternelle rivale de UConn.

Avant le tournoi, Calhoun nous prévint :

– J'ai vu trop de joueurs sûrs d'eux avoir la prétention de penser que, parce que nous avons déjà gagné contre eux en conférence, c'était dans la poche. Si ce tournoi de conférence m'a appris une chose, c'est qu'il réserve de sacrées surprises... Et des grosses équipes qui perdent face à des petites, j'en ai vu beaucoup ! Je veux une défense d'acier et de la sobriété des deux côtés du terrain ! Alors redescendez sur terre, remettez-vous toujours en question et ne lâchez rien sur le terrain ! En face de vous, vous avez des monstres physiques. Insistez sur les écrans retards, c'est la clef de la victoire. Allez au combat, let's go !

Le Madison Square Garden représentait à mes yeux la Mecque du basket américain et y pénétrer me laissa une impression quasi mystique. Tandis que je m'émerveillais comme un gamin et que mon cœur s'emballait, mes pieds foulaient le sol d'un lieu qui avait vu défiler les plus grands joueurs de basket au monde et tellement de personnalités sportives et artistiques.

Je levai la tête vers le plafond de cette arène monumentale et contemplai les écrans géants circulaires. Ils m'étaient familiers, je les avais souvent vus à la télé lors des matchs NCAA et NBA, les joueurs y apparaissaient en gros plan. Au-dessus et en-dessous, des bandeaux défilaient avec le nom des équipes respectives. Nous avions l'honneur de nous changer dans les vestiaires des New York Knicks. À ce moment, j'eus une pensée pour les vestiaires Aiache de Bondy avec ses douches aux couleurs suicidaires et ses bancs impersonnels… Résolument différent…

Comme c'était toujours le cas lors des retransmissions, les gradins étaient pleins à craquer d'une foule compacte dont je discernais mieux les visages à présent qu'ils se trouvaient à quelques mètres de moi. Tout autour du terrain, de nombreux commentateurs, journalistes sportifs et cameramen, sur le pied de guerre, se préparaient à couvrir l'événement pendant que les spectateurs terminaient de s'installer, ou de s'acheter boissons, hot-dogs et pop-corn. Faisant fi du brouhaha qui régnait et de l'équipe adverse déjà présente sur le terrain, nous fîmes notre entrée en petite foulée et nous nous échauffâmes en faisant les traditionnels mouvements dictés par Coach West et Coach Chris.

– Mesdames et Messieurs, bienvenue au tournoi de la Big East Conference ! Nous sommes heureux d'accueillir ce soir les équipes de l'Université de Georgetown et de l'Université du Connecticut, UConn, championne en titre qui remet son titre en jeu aujourd'hui comme à chaque match.

À cette annonce, les coachs des deux équipes, Jim Calhoun et John Thompson III, fils du mythique John Thompson Junior, se saluèrent de loin. Du bout du banc, j'observais la présentation des 5 majeurs des deux équipes.

Une caméra balaya leurs visages et leurs silhouettes et les retransmit sur les écrans géants. Un petit film promotionnel sur les joueurs titulaires des deux équipes passa sur les écrans, puis les fanfares entonnèrent l'hymne des universités respectives et les pom-pom girls exécutèrent leur chorégraphie sous les encouragements des étudiants supporters qui se chauffaient la voix. On présenta de la même manière l'équipe de Georgetown, les Hoyas, avec en *starting 5* : Roy Hibbert, Jonathan Wallace, Brandon Bournan, Jeff Green et Ashanti Cook. Puis les Huskies.

Sur le terrain, Charlie Villanueva, Josh Boone, Marcus Williams, Rashad Anderson et Rudy Gay, concentrés, se tenaient prêts à rattraper la balle mise en jeu par l'arbitre en début de match et à mettre leurs premiers paniers tandis que les assistants coachs, Blaney, Moore, LaFleur et Sellers, se préparaient mentalement à suggérer des tactiques à Calhoun, qui ne manquerait pas de leur tomber dessus à la moindre contrariété.

Le match n'avait pas commencé que Calhoun faisait déjà les cent pas en mâchonnant nerveusement son chewing-gum. Notre équipe avait un double challenge : rester numéro un et devenir numéro un. Voilà pourquoi Calhoun avait exclu tout choix audacieux dans la composition de l'équipe et s'en était tenu aux joueurs titulaires. Inimaginable de se faire sortir au premier tour par les Hoyas, question d'honneur. Calhoun avait déjà brillé en remportant les championnats NCAA 1999 et 2004, mais gagner ce tournoi représentait toujours pour lui un immense challenge.

Pour le premier match, la tension sur le banc était palpable : nous étions tous suspendus aux actions de nos coéquipiers. Comme nous avait prévenu Calhoun, l'équipe de Georgetown se révéla très déterminée physiquement dès le début et maintint un score toujours très serré, si bien que la tension ne redescendit pas de tout le match. Sur le banc, nous observions le jeu sur le qui-vive. Dès qu'un joueur marquait, la moitié du Madison Square Garden réagissait, mais on sentait une ambiance moindre que dans les arènes respectives des universités, sûrement l'énergie du public des New York Knicks, voire des New-Yorkais tout simplement…

Rudy Gay se montra très offensif et brilla en marquant à lui seul dix-sept points sur la totalité du match, points qui dans le cadre de la NCAA compteraient doublement dans ses statistiques. Un joueur qui marquait beaucoup pendant des matchs d'aussi grande envergure se voyait courtisé par les meilleures équipes NBA et s'assurait à l'avance un salaire colossal et une place de choix dans la prochaine draft, la grande loterie de la ligue américaine, la NBA. L'heure passait et Calhoun ne semblait pas décidé à envisager un quelconque changement de joueur. À huit minutes de la fin du match, notre équipe menait de dix points, mais Calhoun préféra rester sur cette configuration qu'il jugeait efficace. Pour le match suivant, si les Huskies parvenaient à se qualifier, il ferait peut-être intervenir d'autres joueurs mais rien n'était sûr.

Assis à ma place fétiche, ce banc m'avait rendu sarcastique : finalement, si je regardais les choses du bon côté, l'avantage par rapport à mon canapé de Saint-Denis, c'était que là je voyais tout en 3D ! J'étais devenu un meneur de banc et ça m'allait très bien, j'en étais presque fier, applaudissant mes coéquipiers et me levant pour les encourager à la moindre action, bonne ou moins bonne. Et surtout, toujours prêt à entrer en jeu, sait-on jamais…

Les Hoyas, toujours combattifs, emmenés par Jeff Green et Roy Hibbert, futurs NBAers, n'avaient pas dit leur dernier mot et remontèrent le score petit à petit. Nous les distancions de cinq points seulement alors qu'il ne restait que deux minutes de jeu. Et deux minutes, ça pouvait être très long. En deux minutes, les Hoyas avaient largement le temps de mettre quelques paniers à 3 points et de changer définitivement la donne.

À une minute de la fin du match, l'entraîneur de Georgetown demanda un changement et fit entrer sur le terrain Darrel Owens, un intérieur. À peine entré en jeu, Owens mit un panier à 3 points. Les supporters des Hoyas sautèrent de joie, l'entraîneur et son staff se levèrent en hurlant, Calhoun se prit la tête dans les mains et jura en balançant un coup de pied dans le vide. Sur le banc, tous se raidirent. Nous menions de deux petits points,

64 à 62, et il restait vingt secondes de jeu. Relativement sereins jusque-là, la victoire semblait tout à coup nous filer entre les doigts.

La balle fut remise en jeu. Rudy Gay tenta un 1 contre 1 qu'il rata. Georgetown prit le rebond mais, par chance, manqua le panier et fit une faute que l'arbitre sanctionna aussitôt. Denham Brown eut droit à quatre lancers francs, en réussit deux et nous assura la victoire en scellant le score final 66 à 62. Lorsque le buzzer retentit, ce fut un immense soulagement. Nous venions de nous qualifier pour les demi-finales et étions en route pour le trophée du tournoi.

Le lendemain, le match qui nous attendait promettait d'être palpitant : nous affrontions les Orange de Syracuse que nous avions déjà battus deux fois au cours de la saison et qui avaient une double revanche à prendre. Calhoun nous disait de nous en méfier comme de la peste, et il avait raison.

Dès que l'arbitre mit la balle en jeu, Syracuse se démena et montra une agressivité qui ne faiblit pas durant tout le match. Clairement, l'état d'esprit de nos adversaires n'était pas le même que dans les rencontres précédentes au cours de la saison. Ils étaient beaucoup plus agressifs des deux côtés du terrain. Très vite, mes coéquipiers se retrouvèrent à l'agonie en défense, l'équipe adverse prenant l'avantage. Si certains s'étaient imaginé qu'une troisième victoire était évidente, ils déchantaient sérieusement. Au Garden, Syracuse nous malmenait non seulement face à des dizaines de milliers de spectateurs mais aussi face aux caméras venues de tous les États-Unis.

Ce jour-là, Hakim Warrick nous crucifia. Le score final fut sans appel, Syracuse nous corrigea 63 à 67. Nous rentrâmes à UConn, déçus, blessés, la tête dans les épaules. Sur le retour aux vestiaires, Calhoun nous avait à peine adressé la parole. La défaite lui faisait horreur. À nous aussi d'ailleurs… même sur le banc.

De retour à UConn, nous nous engageâmes dans la préparation du tournoi NCAA en prévision du premier tour contre Central Florida. Lorsque le match eut lieu, j'étais censé devenir naturellement le deuxième meneur de l'équipe de UConn et bouillais d'impatience de prouver que j'avais le niveau pour jouer, que j'avais quelque chose à apporter à l'équipe. Mon attente s'éternisait d'autant qu'à ma grande surprise c'est à Ryan Thompson que Calhoun demanda de seconder Marcus Williams au poste de meneur. Visiblement, non seulement il ne me faisait pas confiancc, mais je sentais d'un coup le scepticisme du staff quant à mes capacités à seconder Williams. J'avais l'impression que le travail de sape effectué par mon concurrent direct portait malheureusement ses fruits pourris.

Je vécus très mal le match du premier tour du tournoi NCAA contre Central Florida. Calhoun décida de faire entrer Ryan Thompson pour suppléer Marcus Williams à la mène.

Ryan prit donc ma place à mon grand regret. Je ressentais une incompréhension et une frustration terrible. Nous gagnâmes malgré tout de six points un match compliqué en raison de la pression de l'entrée dans le tournoi NCAA, exacerbée par notre statut de champions en titre et le fait qu'on nous attendait au tournant. À la fin du match, lors du débriefing, Calhoun nous demanda de rester concentrés pour la suite du tournoi et prit la direction de la conférence de presse d'après-match.

Le surlendemain, nous retournions à Worcester pour nous échauffer en vue du match contre North Carolina State de Julius Hodge et Ilian Evtimov, frère de Vasco Evtimov, l'un des rares Français à jouer alors en NCAA avec Joachim Noah. Après l'échauffement du pré-match, certains journalistes, impatients de découvrir ce qui se tramait, me demandèrent ce que m'avait dit Calhoun pour cette rencontre. Cette sollicitude me laissa croire que j'avais une chance de jouer, alors je m'avançai en leur répondant qu'il m'avait engagé à « rester prêt à toute éventualité ». Il fallait bien dire quelque chose aux journalistes… Sauf que Calhoun ne m'avait absolument rien dit et que je ne me voyais pas me décridibiliser. C'est en voyant lors de l'entraînement que Calhoun faisait répéter les systèmes à la mène par Ryan Thompson que je réalisai qu'il ne comptait absolument pas sur moi.

Dans les couloirs du stade, je surpris une conversation entre journalistes :

– Marcus Williams est absolument carbonisé, il joue trop, il a besoin d'un back up.

– Et si on suggérait à Calhoun de faire jouer Améziane ? On ne sait jamais…

– Tu n'y penses pas ! Calhoun l'a pris pour son côté exotique, pas

pour jouer. Manquerait plus qu'il joue celui-là... Hahaha, tu es fou, toi !
– Mais pourquoi pas ?
– Le mec est un inconnu, il n'a pas les couilles pour ça, ça se voit dans son regard, c'est un Français !

Cette conversation me sidéra. Et si ces deux gentlemen avaient raison ? Si Calhoun ne m'avait pris que pour « l'exotisme » et non pour aider l'équipe ? Et si je n'avais tout simplement pas les couilles, comme l'affirmait ce journaliste ?

Je balayai ces pensées humiliantes pour me concentrer sur l'essentiel.

La rencontre contre North Carolina State montra à quel point les disparités techniques, physiques et de jeu étaient grandes entre les équipes de la NCAA. Le match, très serré, voyait le leader de NC State, Julius Hodges, dominer nos ailiers, bien secondé par Evtimov qui fit un match complet, aussi bon en attaque qu'en défense. Pourtant, nous résistions avec des assauts répétés de Boone et Villanueva, et un apport en attaque d'Ed Nelson qui n'était pas négligeable. À la mi-temps, nous menions 29 à 25 sur un dernier panier de Marcus.

Pendant celle-ci, une fois que Calhoun eut terminé son briefing dans le vestiaire, je pris mon courage à deux mains et, le voyant repartir en direction du terrain, l'arrêtai dans le couloir. Mon cœur battait à tout rompre tel un amoureux s'apprêtant à faire une demande en mariage :
– Coach, laissez-moi jouer ! Vous avez fait jouer Ryan Thompson alors qu'il est ailier. Je suis meneur, c'est mon poste. Je peux jouer, Coach, je sais que j'en suis capable ! S'il vous plaît !

Il me fixa du regard quelques secondes sans mot dire puis tourna les talons. Je ne sus pas sur le moment si j'avais commis un crime de lèse-majesté ou si j'avais distillé le doute dans son esprit.

Quelques minutes plus tard, alors que le match avait repris avec intensité et que NC State venait de marquer, les équipes se tenaient au coude à coude, se renvoyant paniers sur paniers. NC State marquait à l'intérieur comme à l'extérieur de la raquette, mais nous répliquions par des attaques léchées et bien orchestrées par Marcus Williams. Personne ne lâchait l'affaire. Rudy Gay, Charlie Villanueva et Denham Brown faisaient aussi le job en répondant présents. Sur le banc, nous étions au taquet pour encourager nos partenaires, n'hésitant pas à crier à chaque action pour soutenir nos camarades. Au fur et à mesure que le temps s'égrenait, nous réduisions le score, flirtant avec l'égalité avec nos adversaires.

Calhoun demanda un changement, me toisa, et me fit un signe de la main indiquant la table de marque pour un changement imminent. Je me levai d'un bond et me hâtai avant qu'il ne change d'avis. Au centre du terrain, la perspective n'était plus la même que depuis le banc et, lorsque mon regard balaya les gradins, mon cœur s'emballa. Combien étaient-ils à nous regarder à cet instant ? Quarante mille, cinquante mille ? Plus ? Moins ? Ils étaient tellement nombreux que les chiffres n'avaient plus de sens. L'ambiance électrique qui quelques mois plus tôt m'aurait paralysé me galvanisa.

Nous étions à égalité avec NC State 62 à 62. Il restait deux minutes de jeu. Sur une balle perdue d'Ilian Evtimov, ailier de NC State, je lançai une contre-attaque infructueuse puis posai le jeu. J'annonçai un système pour mettre en position un tireur éventuel. Après trois passes, démarqué, je récupérai la balle en position de tir, ligne de fond, à cinq secondes de la fin de la possession, et pris le shoot à 3 points pour nous donner un avantage salvateur…

La balle approcha du panier, tournoya autour de l'arceau… Pendant une demi-seconde qui parut durer une éternité, tout le monde retint son souffle… NC State priait pour un tir manqué.

Puis, la balle retomba à côté.

D'un geste rapide, Julius Hodge, le *leading scorer* de NC State, récupéra la balle et remonta le terrain en dribblant. Il restait vingt secondes à jouer. Il joua Rudy Gay en 1 contre 1. Malgré sa bonne défense, Rudy glissa sur le parquet, et à quelques secondes de la fin Hodges marqua avec la faute en plus, *and one* *, sur l'aide d'Ed Nelson. Le score afficha 64 à 62 pour NC State. Il mit son lancer franc, il restait 4 secondes à jouer et plus de temps mort. Marcus Williams récupéra la balle sur la remise en main et remonta le terrain à toute vitesse. Sur l'aile opposée, Rashad Anderson, notre meilleur shooteur, était démarqué à 3 points mais Williams tenta sa chance pour un tir primé, il shoota. Tir raté ! Le buzzer retentit. Score final : 65-62. Les supporters de NC State hurlèrent leur victoire. NC State élimina UConn du tournoi NCAA sur un and one de Julius Hodges.

Incrédule, j'observais toute cette liesse et ne pris pas immédiatement conscience de la portée de cette défaite. Mon rêve américain se terminait sur un tir raté cauchemardesque. C'était fini et ça ne se finissait pas en happy end comme dans tout bon film américain.

---

* Panier accordé et un lancer franc à tirer.

Dans les vestiaires, le désespoir et la désolation régnaient. Effondré, chacun essayait de gérer sa détresse comme il le pouvait. Charlie, Josh et Rashad avaient la tête dans leur serviette. Denham et Marcus regardaient dans le vide, les yeux rouges et gonflés. Certains, comme Ed et Hilton, étaient tétanisés, assommés ou se tenaient encore la tête dans les mains, incrédules d'avoir laissé filer la victoire. Jason et Ryan pleuraient à chaudes larmes. Assis dans un coin des vestiaires, je réalisai que tout était bel et bien fini, que jamais plus je ne porterais le maillot des Huskies ni ne m'entraînerais avec eux… Calhoun fit son entrée dans les vestiaires dans une atmosphère d'abattement général. Mon regard croisa le sien et se remplit de larmes, mélange de chagrin et de honte d'avoir déçu. La parenthèse enchantée s'achevait brutalement.

Quand Calhoun arriva au centre des vestiaires, suivi des assistants coachs tous immensément tristes et le regard fermé, les reniflements des joueurs s'estompèrent, laissant place à un silence pesant qui se mua en silence de mort. Cela dura quelques minutes qui parurent une éternité. Nous ne redoutions ni une colère monumentale ni des mots durs du coach, il nous épargna, aussi abattu et meurtri que nous. Il nous fit à la place un discours de remerciements et d'encouragements qui me bouleversa :

– J'ai vu de très belles choses pendant cette saison, les gars. Des choses inattendues. Des choses étonnantes. Des choses grandioses. Vous avez travaillé avec acharnement, avec conviction, vous avez donné énormément pour ce beau maillot, pour UConn, sur et en dehors du terrain, parfois jusqu'à l'épuisement, parfois jusqu'à l'évanouissement, sans jamais lâcher. Ensemble, nous avons partagé des victoires mémorables, des défaites amères, des moments de joie, des moments de peine et des larmes. Ensemble et séparément, vous avez su faire grandir votre potentiel et progresser en tant qu'hommes. Je suis fier de ce que vous avez accompli cette année et de ce que vous vous êtes apporté les uns aux autres. Vous formez une très belle équipe, une équipe qui peut faire, qui sait faire, de grandes choses. Vous avez été un groupe extraordinaire avec des personnalités exceptionnelles. Une équipe qui a su relever des challenges, s'adapter, gagner… Le résultat de ce soir n'est la faute de personne, c'est ça le jeu du basketball, c'est ce qui le rend beau.

Il posa sur moi un regard appuyé, j'avais les yeux rougis.

– Ce n'est de la faute de personne ! répéta-t-il. C'est comme ça. L'équipe que nous affrontions ce soir s'est battue avec acharnement, pas plus que nous. Ils ont très bien joué. Les garçons, en dépit de la défaite, vous pouvez être fiers de vous, vous avez fait une très belle saison et je suis convaincu que de très belles choses vous attendent… Relevez la tête et n'oubliez jamais qu'on apprend toujours de ses erreurs… À ce propos, je vous remercie aussi de m'avoir fait grandir et je tiens à remercier mes collègues pour leur aide précieuse. Un entraîneur n'est rien sans ses joueurs et son staff. Henri… Je ne t'en veux pas d'être venu me voir pour demander du temps de jeu, au contraire. Seuls les bons ont le courage de faire ça. Demain, certains d'entre vous iront en NBA, dans d'autres championnats, d'autres pays, ou embrasseront d'autres carrières… Faites ce que vous avez à faire mais surtout faites-le avec votre cœur. Si ça marche moins bien pour vous, ne vous découragez pas, travaillez encore plus, à un moment ça passera, croyez-moi. Je tenais aussi à vous dire que j'ai adoré travailler avec vous, vous coacher et vous accompagner dans cette aventure. Je vous aime et que Dieu vous bénisse.

À ce moment-là, ce n'était pas l'envie qui manquait mais le discours de Calhoun était tellement puissant et sincère que personne ne s'aventura à tenter une salve d'applaudissements. Nous étions touchés. Et personnellement, à l'intérieur, j'étais remué, chamboulé.

Plus qu'un entraîneur, Calhoun avait été un père pour nous durant la saison et, en dépit de sa dureté, il nous avait inculqué des valeurs et avait veillé à notre éducation. À la fin de chaque entraînement il nous transmettait sa pensée du jour et nous invitait à la méditer. Comme un père, nous le respections. Comme un père, nous le regretterions. Merci, Coach Calhoun.

Les semaines qui suivirent notre élimination du tournoi NCAA furent tout à coup beaucoup plus calmes. Désormais, mes après-midis n'étaient plus rythmés par nos quatre heures d'entraînement quotidien, et cela laissa un grand vide. J'avais certes plus de temps pour moi et pour les autres mais je ne savais qu'en faire et tournais comme un lion en cage. Même si je donnais l'impression pathétique de ne pas vouloir renoncer à quelque chose de définitivement terminé, je continuais d'aller m'entraîner seul à Gampel. Avoir connu Gampel avec l'effervescence des débuts et le retrouver aussi calme donnait parfois le cafard. Ce jour-là, mélancolique, je m'assis près du terrain, à la place où Calhoun nous sommait de courir plus vite, et je me remémorai l'année écoulée.

– Tu as du mal à décrocher, on dirait…

Je levai la tête, Ted Taigen se tenait devant moi, je ne l'avais même pas entendu approcher.

– C'est normal : quand on joue avec les Huskies, on est marqué à vie… C'est comme ça !

Je souris. Il me regardait dans les yeux.

– Je me souviens quand tu as débarqué dans mon bureau la première fois…

– Oh oui, moi aussi ! Vous m'avez regardé comme si je débarquais d'une autre planète.

– Sami, je n'ai jamais eu l'occasion de te le dire et je ne suis pas du genre à m'excuser, mais je dois t'avouer que ta détermination et ta motivation à toute épreuve m'ont bluffé ! Tu as travaillé dur… Tu mérites ce qui t'est arrivé, vraiment !

Je ne sus que dire. C'était presque comme dans les films américains, celui qui a toujours mis des bâtons dans les roues du « héros » finit par reconnaître son erreur et tout est bien qui finit bien.

– Merci, Ted ! fis-je sobrement. Quelle aventure !

Même s'il n'était pas du genre à trop en montrer, quelque temps plus tard, Ted Taigen batailla avec l'administration du campus afin que je puisse participer à la cérémonie du Commencement, la fameuse cérémonie de remise des diplômes que l'on voyait dans les séries américaines. Pour son mea culpa il frappait fort, car en tant qu'étudiant d'échange, je n'avais pas le droit de prendre part à cette cérémonie. En usant de la carte Huskies, il finit par faire céder les plus réticents et obtint pour moi une dérogation. Jennifer et Alix, mes camarades du programme d'échange, n'en revenaient pas.

– Sami, tu as de la chance ! Tu ne te rends pas compte ! Quel pistonné, celui-là !

– Mais comment as-tu fait ? C'est génial ! Oh, comme je t'envie !

– Ça vous dit de m'accompagner, les filles ?

– Et comment ! Bien sûr qu'on sera là.

Aux États-Unis, la cérémonie du Commencement marquait la fin du cycle universitaire et restait très symbolique puisqu'elle clôturait les quatre années que tout Américain considérait comme les plus belles de sa vie. À l'instar du mariage, cette cérémonie réunissait la famille et les proches et s'inscrivait comme une étape fondamentale dans la vie de tout un chacun.

J'hésitai longuement mais décidai finalement de ne pas prévenir ma famille, préférant m'épargner une chambrette du genre :

– Tu crois pas que je vais mettre six cents euros dans un billet d'avion pour venir te voir lancer un chapeau en l'air !

Holly fut ravie de m'accompagner et de jouer à nouveau ma famille américaine. Pour le jour J, elle s'apprêta et se maquilla soigneusement afin de me faire honneur. La cérémonie, réglée au millimètre, eut lieu à Gampel un samedi matin du mois de mai et débuta avec l'hymne américain.

Très solennel derrière son pupitre au milieu du terrain, le président de l'Université du Connecticut fit le discours d'ouverture, non sans rappeler le slogan de UConn, « Committed to Excellence ». À ses côtés se tenaient tous les professeurs de l'université et tous les administratifs. Dans les tribunes, des milliers de parents tirés à quatre épingles assistaient, émus, à la remise des diplômes de leur chère progéniture. Quelques recruteurs de grosses entreprises et autres chasseurs de têtes avaient également fait le déplacement, ravis de pouvoir prospecter à la source et déjà prêts à dégainer leur carte de visite. La cérémonie dura près de trois heures. À l'annonce de notre nom, nous passâmes à tour de rôle sur l'estrade, où nous fut remis notre diplôme, puis chacun prit la pose devant le photographe officiel qui immortalisait l'instant. Certains étudiants qui s'étaient distingués au cours de leur cursus furent mis à l'honneur et on les invita à dire quelques mots. D'anciens élèves passèrent derrière le pupitre, exprimèrent leur gratitude envers UConn et témoignèrent de leur réussite professionnelle. L'administrateur en charge de la cérémonie rendit ensuite hommage aux professeurs de l'université qui défilèrent sous les applaudissements nourris de l'assistance et firent pour quelques-uns un rapide discours.

Quand, enfin, le président de UConn prit la parole, tous les diplômés se levèrent. Voir autant d'étudiants dans la même tenue de gala donnait beaucoup de solennité à la cérémonie.

– Je vais conclure par ces mots : vous voilà officiellement diplômés de l'Université du Connecticut et je vous en félicite ! Je vous invite désormais à assumer les responsabilités liées à votre nouveau statut. Vous êtes et resterez à jamais des ambassadeurs de UConn à travers les États-Unis et le monde. Soyez-en fiers et soyez-en dignes ! Vous pouvez passer votre *tassel* de la droite vers la gauche.

Dans un geste parfaitement synchro, nous passâmes le pompon de notre chapeau de la droite vers la gauche, geste signifiant que nous étions officiellement diplômés. J'attendis quelques instants, scrutai mais ne vit personne balancer son chapeau. Visiblement cela n'existait que dans les films…

Si cette cérémonie ne m'était pas du tout familière car nous n'avions rien de semblable en France, je devais reconnaître qu'elle avait été un concentré d'émotions qui signait l'aboutissement de quelque chose. Elle fédérait sur tous les points : les étudiants, qu'elle valorisait, les familles, qu'elle flattait, les professeurs et l'ensemble du staff, à qui elle rendait hommage. Véritable moment de partage, elle marquait une étape essentielle de la vie étudiante, familiale, professionnelle, de la vie tout court.

En lieu et place, la France nous offrait le panneau d'affichage des résultats du bac et un diplôme qu'on recevait par la Poste, dans une enveloppe qui portait notre timbre et libellée de notre propre écriture… Douce France…

Si j'admirais le sens du management des Américains, j'étais conscient que la cérémonie du Commencement était un business soigneusement étudié. Cette célébration représentait la bagatelle de cent soixante mille dollars dépensés pour quatre années de la vie de chaque étudiant. Au vu de l'investissement, on pouvait sans réserve mettre les petits plats dans les grands, remercier les parents et célébrer leur progéniture. On pouvait même en profiter pour prendre quelques dollars de plus avec les frais annexes qu'étaient la location de la robe et de la toge, les hôtels pour les familles habitant généralement loin du campus, les parkings payants, la nourriture et les boissons vendues exclusivement à l'intérieur de Gampel, et jusqu'aux photos officielles sur lesquelles les parents ne lésinaient jamais.

À l'issue de la cérémonie, tout le monde convergea vers la sortie. On se regroupa entre amis et membres de la même promotion pour une photo de groupe hautement symbolique. Je retrouvai Ryan Thompson et Jason Baisch, mes coéquipiers, eux aussi diplômés de la promotion Business School, ainsi que plusieurs amis. Nous fîmes une série de photos devant Gampel puis nous jetâmes notre chapeau en l'air dans un grand cri de joie avant de nous rendre au

Co-op. Ted Taigen et Calhoun y avaient organisé un cocktail en l'honneur des diplômés de l'équipe. Nous y retrouvâmes les assistants coachs George Blaney, Tom Moore, Andre LaFleur, Patrick Sellers, quelques membres du staff et la surprise du chef : Holly. Elle se jeta sur moi pour me féliciter de cette nouvelle cérémonie :

– Décidément, Sàààmi, tu es vraiment amazing. Et voilà que tu valides ton diplôme de la Business School en plus ! Tu devrais rester, l'Amérique te porte chance !

À ses paroles, Ted Taigen et Calhoun éclatèrent de rire en me regardant l'air de dire : « Tu connais Holly, elle est tout le temps en roue libre ! »

Tour à tour, comme s'ils faisaient partie de ma famille, ils vinrent me féliciter et trinquèrent en me souhaitant un avenir plein de réussite. Le cocktail fut l'occasion de refaire des photos, de discuter de manière très détendue et de plaisanter dans une ambiance bon enfant.

– Alors qu'est-ce que tu comptes faire après UConn ? me demanda Ted. Tu vas te lancer dans le business ?

– Oh non, je ne crois pas… Le costume-cravate, c'est pas trop mon truc, non. J'aimerais bien intégrer une équipe de basket européenne ou étrangère… J'irai là où on aura besoin d'un joueur prêt à se donner à deux cents pour cent.

– Je n'en doute pas ! La vie est pleine de surprises, la preuve. Tu regardais UConn à la télé et six mois après, tu te retrouves à jouer avec eux. Tu as une bonne étoile, Sami !

– Vraiment ? C'est gentil de dire ça, Ted, fis-je, plein de gratitude.

La question de mon retour en France fut au cœur des conversations. Si Jason savait déjà qu'il chercherait un boulot de cadre dans le marketing ou le conseil et qu'il continuerait à jouer au basket en amateur, j'avais préféré vivre mon expérience américaine au jour le jour et avais quelque peu occulté cette question du retour. Jusqu'ici plusieurs journaux français de basket, comme *Basket Info*, m'avaient interviewé mais cela n'avait pas déclenché un enthousiasme démesuré de la part d'éventuels contrats au pays. Malgré cela, je restais confiant en l'avenir : mon année aux États-Unis m'avait requinqué moralement et sportivement, désormais je savais que tout était possible, que je pouvais tout envisager, que je rebondirais. J'avais brisé mes barrières, mes frontières mentales. À UConn, on nous avait non seulement enseigné le marketing et les techniques de vente, mais on nous avait également martelé pendant des mois que nous étions les meilleurs et que nous méritions ce qu'il y avait de mieux. UConn avait mené sa mission à bien : j'étais arrivé désabusé, je repartais gonflé à bloc, elle avait fait de moi un autre homme.

Après la cérémonie du Commencement, le campus se vida. Contrairement à mes compatriotes qui étaient pour la plupart déjà repartis, je profitai du beau temps, des lacs, de la verdure et de la quiétude des lieux avant de retrouver Saint-Denis, sa Basilique, sa grisaille et ma rue de la Mort. Autant l'avouer : je n'avais aucune envie de rentrer et repoussais chaque jour l'échéance, jusqu'à ce que je n'eus plus le choix, à l'expiration de mon visa d'étudiant.

La veille de mon départ, je fis le tour du campus et dis au revoir à tous ceux que j'avais côtoyés pendant des mois. La gorge serrée, je terminai par le salon de coiffure de Holly avec un bouquet de fleurs pour la remercier, comme je l'avais fait la première fois. Très émue, elle me serra dans ses bras.

– Tu vas me manquer, Sààâmi. Je ne verrai plus ton sourire… L'équipe ne sera plus la même sans toi. Oh, bien sûr, je continuerai de soutenir les Huskies, mais je chercherai toujours du regard le numéro 10 sur le banc…

À ce moment-là, je sortis de mon sac le maillot arborant le numéro 10 sans nom que j'avais porté toute l'année. Elle explosa de joie, se confondant en remerciements. J'hésitai à lui dire la vérité pour le maillot de Sue Bird, je n'avais pas le cœur à rire. J'étais angoissé de partir et bouleversé de faire mes adieux. Holly était particulière mais je m'étais attaché à elle, sur le campus elle avait été ma famille, ma « tante » américaine.

– Prends soin de toi, Holly, et surtout donne-moi souvent de tes nouvelles ! Au fait, Holly, le numéro 10 que tu portes, c'est le maillot de Sue Bird, de l'équipe des filles, je voulais te le dire.

– Oh, je le sais, Sààmi. Je sais que toute l'année j'ai porté le maillot de Sue Bird et que j'ai été la risée de tout le campus. Mais ce qui est arrivé est unique, alors peu importe. Pour moi, la star des numéros 10 c'est toi et ça le restera toujours !

Elle m'avait scotché.

– Sààmi, je te souhaite bonne chance. Tout ira pour toi, je le sais ! N'oublie jamais que tu mérites toutes les bonnes choses qui t'arrivent. God bless you, dit-elle en me serrant fort contre elle.

Je retournai dans ma chambre comme une âme en peine et fis mes bagages. Ce fut très rapide : j'étais arrivé avec un sac de clandé, je repartais avec ce même sac, ni plus ni moins. De cette année extraordinaire, je n'emportais que deux souvenirs : le cadre avec mon maillot des Huskies et le DVD que Calhoun nous avait offert.

En effet, quelques jours après la cérémonie du Commencement, Calhoun avait invité toute l'équipe et le staff chez lui à Pomfret Center pour un déjeuner, une manière *casual* de clôturer la saison de basket et de remercier les joueurs et le staff. Pomfret Center était une ville très chic du Connecticut où quelques rares privilégiés new-yorkais avaient leur résidence secondaire. Calhoun, lui, y vivait toute l'année, dans un immense domaine qui possédait un golf et plusieurs hectares de forêt. Aux dires de mes coéquipiers, il faisait partie des coachs les mieux payés des États-Unis, et il le méritait amplement.

– Son salaire annuel, primes comprises, tourne autour d'un million cinq cent mille dollars, m'affirmèrent Ed Nelson et Ryan Thompson.

– Comment vous savez combien il gagne ? m'étonnai-je.

– Mais tout le monde sait combien il gagne ! D'ailleurs, tout le monde sait combien gagne tout le monde. Il suffit de demander.

– Ah bon ? Mais nous, en France, jamais on ne parle d'argent. C'est mal vu d'en parler ! En tout cas, on ne dit jamais combien on gagne.

– Hahaha… Mal vu d'en parler mais bien vu d'en avoir… Et je suis sûr que vous y pensez constamment, m'asséna Ed.

– Vous êtes vraiment bizarres, les Français ! Chez nous, l'argent, ce n'est pas un défaut, c'est la preuve qu'on a réussi, qu'on a travaillé dur pour en arriver là. Pourquoi s'en cacher ? me questionna Ryan.

– C'est comme ça, on est différent, qu'est-ce que tu veux que je te dise ?

Il n'y avait qu'à voir la maison de Calhoun pour comprendre qu'il avait réussi et qu'il ne s'en cachait pas. Cependant, en homme classe et discret, il nous avait reçus avec beaucoup de simplicité et de convivialité autour d'un barbecue typiquement américain avec Pat, sa chaleureuse épouse.

Après le déjeuner, il nous avait invités à prendre le café dans le living-room où nous avions visionné les highlights de la saison, un petit film monté à la façon d'un clip contenant tous les moments forts de notre année de basket. À la découverte de ces images rythmées des exploits des uns et des autres sur le terrain, les visages des joueurs s'illuminèrent. Rudy Gay découvrait ses dunks stratosphériques qui semblaient l'étonner lui-même. Charlie Villanueva fut surpris de voir à quel point il avait pesé sur la saison sportive tant en attaque qu'en défense. Je fus moi-même étonné de figurer dans le top 3 des meilleures actions de UConn cette année-là. Il y en avait pour tout le monde, c'était un clip de récompense collective. Au milieu des rires et de quelques chambrettes avaient défilé les plus beaux paniers, les dunks, les moments d'euphorie de l'équipe, quelques grimaces, des mimiques, les emportements de Calhoun, l'hommage à sa sept-centième victoire et le trophée de la Big East Conference. Des joueurs titulaires à ceux de la yellow team, le département de basket avait veillé à ce que nous figurions tous dans les highlights, une manière de nous valoriser tous, sans exception. Même A.K. n'avait pas été oublié malgré ses déboires extra-sportifs. Les assistants coachs eurent aussi leur mot à dire et tous nous remercièrent pour cette saison d'exception tant humaine que sportive.

Avant de nous dire au revoir et de souhaiter bonne chance à ceux qu'il ne reverrait pas, Calhoun nous remit à chacun un DVD des highlights. Sur la pochette de ce cadeau, il avait inscrit quelques mots au feutre noir, sa pensée du jour : « Si le plan ne fonctionne pas, change le plan mais jamais le but. »

Cette nuit-là, j'eus du mal à trouver le sommeil. Le lendemain à l'aube, je quittai UConn les yeux rougis et l'estomac noué.

Dans la voiture qui nous menait vers Saint-Denis, mes potes et ma sœur venus me chercher à l'aéroport d'Orly s'en donnaient à cœur-joie :

– Mais tu les reverras, tes amis américains, les Dylan, Brandon et Ritchie, arrête de faire cette tête ! Le mec est au bord du gouffre... Ne nous fais pas une TS * !

– Eh, t'es devenu super sensible... à l'américaine quoi ! Par contre, niveau sape, t'es resté le même...

Je devais avoir l'air bien pathétique dans ma chemise hawaïenne, les yeux rouges et gonflés par une année d'émotions fortes et un voyage plein de questionnements. Dans l'avion déjà, l'hôtesse m'avait sans arrêt jeté des regards inquiets, j'avais reniflé pendant presque tout le vol, en déprime totale.

– Non mais vous pouvez pas comprendre ! Je viens de la quitter, la vie que j'ai toujours rêvé d'avoir...

– Mais, t'inquiète, tu vas rebondir... La rue de la joie de vivre t'attend... Hahaha !

– En tout cas, moi, je suis trop contente que tu sois rentré ! Tu m'as trop manqué ! fit ma sœur en me serrant dans ses bras.

Sur l'A1, le paysage urbain défilait : les entrepôts, les barres d'immeubles, les tags et le béton. La voiture prit la sortie Saint-Denis-Hôpital Delafontaine. Rien n'avait changé. L'hôpital psychiatrique, devant lequel on avait entre-temps érigé un EHPAD, la morgue et les pompes funèbres étaient toujours là. J'eus subitement un énorme coup de cafard. Mon pote gara la Ford Fiesta devant la porte d'entrée de la maison familiale. Comme par

* Tentative de suicide.

hasard, mon père sortit au même moment. Nous nous croisâmes sur le pas de la porte.

– Ah, te voilà, toi !

Il ne m'avait pas vu depuis dix mois mais ne sembla pas s'en formaliser pour autant. Il m'embrassa comme s'il m'avait vu la veille, puis ajouta :

– Alors ? Ça va ? C'était bien, l'Amérique ? me demanda-t-il.

– Oui, c'était bien, oui. Il m'est arrivé plein de trucs super.

Et il enchaîna sans attendre mes réponses :

– Ah, ben c'est bien ça... Bon, ben je vais aux boules, moi, à tout à l'heure !

Puis il tourna les talons et s'éloigna en direction du boulodrome derrière chez nous, me laissant complètement hagard devant la porte. Mes amis d'enfance, témoins de la scène surréaliste qui venait de se jouer, éclatèrent de rire.

– Hahaha, mais il est génial, ton père ! Mais qu'est-ce qu'il s'en bat les couilles de ta vie, mon pote ! fit le premier.

– On dirait que tu reviens d'acheter une baguette, mon frère, c'est trop des barres ! répliqua un autre.

– Hahaha... Putain, je crois que je vais mourir sur place... Il sait comment tu t'appelles au moins, ton père ? demanda le troisième, hilare.

Ma sœur, consciente de ce que j'étais en train de vivre, impuissante, restait coite. Je contenais ma tristesse en prétextant que c'était normal, mon père était ému mais ne le montrait pas, « on est très pudique chez nous, tu sais... ».

Arriva à sa suite ma mère qui me serra fort dans ses bras et m'embrassa. Cela me fit du bien après la douche froide paternelle.

– Je suis contente de te voir, mon fils. Tu nous as manqué. Faut plus partir en Amérique, tu restes avec nous maintenant. Monte, je t'ai préparé du pain et du piment pour toi et tes copains, vous allez manger. C'était bien, l'Amérique ?
– Oui, c'était bien, c'était super. Merci, maman.

Qu'il était bon de retrouver ma mère et son merveilleux *felfel*, témoin intemporel de nos racines kabyles. Ça me permettait ainsi d'oublier temporairement la peine que m'avait occasionnée la confrontation avec mon père à mon arrivée…

Souvent, à UConn, lorsque je pensais à lui, je m'imaginais des retrouvailles émouvantes. Mon père, admiratif, me féliciterait et me demanderait les yeux brillants de tout lui raconter en détail. Finalement, tout était resté exactement comme je l'avais laissé. Et lorsque je retrouvai mes lits superposés dans ma chambre aux murs sombres, avec ce papier peint improbable de décor d'île paradisiaque, je m'assis sur le lit du bas, scrutai les posters défraîchis de mes idoles de NBA, et là ce fut le coup de grâce. Hier sous les projecteurs, la tête dans les étoiles, aujourd'hui dans ma chambre d'enfant-adolescent-adulte, redescendant de mon nuage. Alors, devant mes amis, chamboulé par le retour au bercail et à la réalité de mon ancienne vie, les retrouvailles familiales et la confrontation avec mon père, je fondis soudain en larmes. Des larmes chaudes d'enfant pas encore remis de ses illusions. Une détresse intérieure inconsolable. Mes camarades, qui m'avaient filmé depuis mon arrivée pour immortaliser nos retrouvailles, sentant le malaise, coupèrent la caméra. Et comme je ne décrochai pas un mot et que je continuais de pleurer, ils finirent par sortir de ma chambre, allèrent manger avec ma mère, et voyant que je tardais à les rejoindre dans la cuisine, ne tardèrent pas à s'éclipser. Mes sœurs et mon frère, qui s'étaient joints, à eux rentrèrent aussi chez eux. Je restai longtemps allongé sur mon lit, pensif, triste, totalement déboussolé, comme un boxeur qui essaie de se relever d'un KO.

Les premiers jours qui suivirent mon retour, je tombai petit à petit dans une sorte de dépression latente. Je n'avais plus goût à rien, je dormais difficilement et passais mes journées dans une léthargie totale. Je me demandais constamment s'il était possible que UConn n'ait été qu'une simple parenthèse enchantée, un rêve éveillé, un souvenir. Tout était allé si vite. Je ne pouvais m'y résoudre, aussi pris-je sur moi pour prospecter les équipes de basket. En parallèle, je me lançai dans une frénésie de projets. J'avais des idées par dizaines et de l'énergie à revendre, comme pour combler le vide de mon retour à la case départ. Hélas mon enthousiasme, sûrement trop américanisé, se heurtait à un pessimisme ambiant que j'avais oublié, aux éternels « C'est une idée intéressante MAIS… » ou « Non, laisse tomber, ça ne marchera jamais. », à un immobilisme persistant, mais c'était ainsi, je devais me réadapter. J'étais victime d'un choc culturel de retour dans mon pays.

Au bout de quelques mois, alors que tout le monde me conseillait d'oublier ma vie d'avant parce que les « States c'est les States et que la France, c'est un autre délire », je tombai par hasard sur un classeur que ma mère avait posé sur une étagère de la bibliothèque et l'ouvris. En mon absence, elle avait soigneusement classé et mis sous plastique tous les articles qui parlaient de moi : les articles d'*Inside Connecticut* en anglais, celui de *Basket Info* et le journal de Saint-Denis qu'elle avait gardé intact et dont elle possédait au moins trois exemplaires. Je l'imaginais sans mal avoir fait le tour des commerces du quartier pour récupérer le plus de journaux possible et signifier au passage qu'un article était consacré à son fils parti en Amérique. En feuilletant les pages, je fus attendri de voir qu'elle avait surligné au marqueur fluo tous les « Améziane » mentionnés dans les articles d'*Inside Connecticut.* Comme elle ne comprenait ni ne lisait l'anglais, elle avait également surligné tous les « Amazing », pensant que c'était « Améziane ». Pauvre maman ! Comme je t'aime, et comme je ne te remercierai jamais assez pour tout !

En reposant le classeur sur l'étagère, j'eus un sursaut de rage. Je ne pouvais pas en rester là après tout ce que j'avais vécu. Les mots de Calhoun me revinrent alors en tête : « Si le plan ne fonctionne pas, change le plan. All right, Henri ? »

– On est en répétition, j'ai demandé de couper les portables, bordel !
– Oui, allô ?
– Sami, c'est encore Abdulrahman du Al Manama Basketball Club, au Bahreïn. Nous nous sommes parlé la semaine dernière. Voilà, nous pouvons te proposer un salaire mensuel de huit mille dollars, avec défraiement, logement, personnel de maison, quatre billets d'avion à l'année pour rentrer en France voir ta famille, et la Fédération de basket du Bahreïn pourra t'offrir à terme ton passeport bahreïni. Au bout de deux ans, tu auras la nationalité si tu le souhaites, ce qui implique de nombreux avantages. C'est une excellente opportunité.
– Sami, qu'est-ce que tu fous au téléphone, c'est à toi dans trois minutes ! Tu passes entre Thomas Njijol et Fabrice Éboué !
– Oui, oui, j'arrive !
– Sami ?
– Oui, excusez-moi, on a besoin de moi, là… Euh, je peux vous rappeler tout à l'heure, Monsieur Abdulrahman ?
– Oui, oui, bien sûr !

Je fourrai le portable dans ma poche et m'avançai sur la scène.

– Donc là, je t'annonce, tu laisses le public applaudir une ou deux secondes et tu déboules sur scène... Il faut éviter les temps morts, et tu fais attention d'avoir toujours le micro près de la bouche... Faut que tu les fasses rire un max, sois à l'aise, c'est que des blagues donc kiffe le moment !

Le soir même, derrière le rideau, j'attendis mon tour en scrutant le public. Je n'avais encore jamais fait de stand up et je me demandais si je parviendrais à faire rire. Mais surtout j'avais une peur bleue d'oublier mon texte. Après tout, j'avais fait le Madison Square Garden, je pouvais bien faire le Réservoir, cette petite salle de spectacle... Et puis je m'étais fait huer par cinquante mille personnes en raison de ma calvitie, qu'est-ce qui pouvait m'arriver de pire ? Ils n'allaient pas me crier de nouveau « Hey, regardez, il perd ses cheveux ! »

– C'était Thomas Ngijol. Vous pourrez le retrouver dans un mois pour la prochaine édition du Comic Street Show !

Le public applaudit chaudement, certains sifflèrent pour mettre l'ambiance. La salle était pleine à craquer, ma famille et mes amis étaient venus.

– Et maintenant, Mesdames et Messieurs, je vous demande un tonnerre d'applaudissements pour le Comte de Bouderbala !

Ça y est, c'était à moi.

Mort de trac, je montai sur scène, le cœur battant. Je cherchai du regard des visages familiers mais les projecteurs m'aveuglaient. La bouche pâteuse, je commençai à débiter mon texte en essayant d'avoir l'air d'improviser. Au début, je bafouillai et cherchai un peu mes mots, puis les premiers rires fusèrent et me rassurèrent.

Lorsque vers la fin, mon sketch déclencha l'hilarité, je ressentis un plaisir inouï. Dieu, que c'était bon de faire rire les autres en leur racontant mes folles aventures aux États-Unis…

De retour en loge, je trouvai un message de monsieur Adbulrahman : « Sami, si notre proposition t'intéresse, ne tarde pas, nous avons besoin d'un meneur d'urgence ! Et le Bahreïn, c'est un super projet pour un joueur comme toi… »

Ce soir-là, j'avais mené mon propre match à domicile et provoqué des rires comme autant de paniers marqués. À la fin, à ma grande surprise, j'eus même droit à une standing ovation. L'expérience UConn m'avait désinhibé, donné confiance en moi et appris à ne jamais lâcher l'affaire. De retour dans mon pays, fort de ces enseignements, j'étais désormais armé pour me lancer à la poursuite de mes rêves et dire aux autres que les leurs étaient possibles aussi, réalisables, pour peu qu'ils y croient, qu'il fallait les tenter en laissant derrière les empêcheurs de rêver en rond…

Je reposai le téléphone, pensif. Dans quelques jours, il me faudrait faire un choix déterminant : aller jouer au basket au Bahreïn ou raconter avec humour mes histoires à la France. Dans quelques jours…

ÉPILOGUE

L'aventure de UConn a joué un rôle primordial dans ma vie.

Elle m'a appris à vaincre ma timidité, croire en mes rêves et surtout travailler sans relâche pour parvenir au but. Cette aventure américaine a été un déclencheur. À mon retour en France s'est rapidement posée une question très simple : « Comment raconter cette histoire extraordinaire en étant crédible ? » L'humour a été une réponse évidente. Monter sur une scène pour partager ce périple rocambolesque avec le public en m'amusant avec lui s'est imposé à moi.

Ce nouveau challenge est devenu un métier, et quelques années après avoir tenté le coup de la « reconversion », je peux dire que « ça a chémar » grâce au public qui m'a laissé ma chance et permis de réaliser un autre rêve d'enfant : perpétuer, à la tête du mythique Caveau de la République, créé en 1901, la tradition de l'humour à la française. Quelle immense fierté que celle de s'inscrire dans la continuité de personnalités telles que Pierre Dac, Francis Blanche, Robert Lamoureux, François Morel, Gaspard Proust, Laurent Ruquier, Élie Semoun, Dieudonné, Christophe

Alévêque, Smaïn… la liste est trop longue… en proposant, grâce à des jeunes artistes de talent, des styles et des influences différentes pour tous les publics !

Comme sur un terrain de basket, c'est la somme des bonnes individualités qui fait une équipe performante. Comme lors d'un match de basket, sur la scène le public est à la fois mon adversaire et mon partenaire : sans lui, je ne suis rien.

Merci de m'avoir lu, venez me voir maintenant 😉.

REMERCIEMENTS

Je remercie mon public, d'où qu'il vienne, de me donner la chance chaque soir de le faire rire. Quel plaisir d'arriver dans une salle et de voir toutes ces personnes qui se sont déplacées exprès pour moi ! C'est un honneur et un bonheur que je savoure sincèrement chaque fois que je monte sur scène.

Je remercie mes sœurs pour leur aide précieuse à l'élaboration de ce livre. Elles m'ont aidé au-delà de toute mesure, sans ménager leur temps, je leur dois autant que je les aime.

Merci aussi à Jérémy Vinerbi pour sa réactivité et son efficacité remarquables dans la réalisation technique de ce projet.

Je remercie, à l'Université du Connecticut :

– le staff et l'équipe de basketball de l'année 2004-2005 : Rudy Gay, Josh Boone, Charlie Villanueva, Ed Nelson, Jason Baisch, Ryan Thompson, Rashad Anderson, Nick Forostoski, Martin Gagne, A.J. Price, A.K., Marcus Williams, Hilton Armstrong, Denham Brown, Marcus White, Ben le manager, Ray Blanar,

Ted Taigen, Donny Marshall, Coach Justin, Coach Moore, Coach Blaney, Coach LaFleur, Coach Sellers, Coach West, Bill Shults, Pat Calhoun, Robert Stowell dit Bob ;
– le Département de français de UConn : Eliane DalMolin, Alain Lescart, Anne Berthelot, Mister Roger, Solange Guennoun, Patti Parlette ;
– mes amis de UConn : Aydin Acar, Sefaraz Khan, Usman Shah, Chung Hi, Ramesh Pathnath.

Je remercie à l'Université Paris 8 :
– mes anciens professeurs, mes anciens camarades de « promo » 😉,
– Nancy Merritt et Nancy Honecker, deux femmes qui ont changé ma vie en m'envoyant à UConn. Merci, Mesdames !

Je remercie Maître Simon Tahar et Gilles Bellaiche, ainsi que la famille Bouabdellah.

Je remercie les habitants de Saint-Denis que j'ai pu côtoyer et que je côtoie encore, tous mes amis de la ville et mes amis d'enfance, Brahim Chikhi, les familles Ido et Raiah, sans oublier le « LeFilsLadjointAuMaire » et sa famille, ils m'ont tant apporté, je n'oublie pas tout ce qu'ils ont fait pour moi et je les en remercie sincèrement. Merci également à Franck Legoff et la famille Bouchard.

Je remercie mon public en Algérie et dans les pays du Maghreb, ma famille en Algérie, particulièrement les familles Améziane et Aït-Ali Braham des villages Kerrouche et Isendlen.

Je remercie tous mes amis du basket, mes anciens coéquipiers et mes anciens coachs, rencontrés dans les différentes équipes dans lesquelles j'ai joué (PSG Racing, Lézignan Corbières, AS Bondy 93, Poissy Yvelines Basket, équipe d'Algérie 2000-2003-2005) et qui m'ont aidé à structurer ma comédie et mon sens de la chambrette dans les vestiaires et sur le terrain 😉.

Je remercie les gens du milieu artistique qui partagent mon humour et qui font en sorte que j'avance sereinement, notamment Pascale Clark, qui m'a donné ma chance en radio, Florence Faissat, Olivier Dahan, Pierre Trividic, Patrick Mario Bernard, Patrick Sobelman, Frédéric Lach du CM et David Vatinet pour le cinéma.

Je remercie les artistes qui me donnent la chance de travailler avec eux, notamment Seb Mellia, Kevin Debonne et Inès Reg, sans oublier mon exceptionnel partenaire et associé Jean Philippe Bouchard, Laurent Bodin et toute l'équipe du théâtre Le République, et particulièrement Norman Wirtz.

Mille excuses si j'ai oublié de remercier quelqu'un, vous êtes tellement nombreux… Passez me voir au République et attendez-moi à la fin du spectacle, ce sera réparé 😉.

Imprimé en France par CPI
en septembre 2019

N° d'impression : 3035833